Sylvia Schneider
ist studierte Ernährungs- und Kommunikationswissenschaftlerin und war leitende Redakteurin des Ressorts Wissenschaft und Medizin bei großen Hamburger Medien. Sie lebt heute in Eckernförde und ist sehr erfolgreich als Kinder- und Jugendsachbuchautorin tätig. Außerdem ist sie Chefredakteurin der Zeitschriften »Gesundheit für Frauen« und »Gesund essen & genießen«.

Sylvia Schneider

Das **Mädchen**-Fragebuch

Wachsen und erwachsen werden

Unter Mitarbeit von Helmut H. Erb

UEBERREUTER

ISBN 3-8000-1587-0

Medizinische Begutachtung durch Dr. Judith Esser Mittag
Fachliche Beratung durch Helmut H. Erb
Umschlaggestaltung von FineLine, 1040 Wien,
unter Verwendung eines Fotos der Bildagentur Buenos Dias

Druck: Druckerei Theiss GmbH, A-9431 St. Stefan i. L.
7 6 5 4 3 2 1

Ueberreuter im Internet: www.ueberreuter.at

Darum geht's:

erwachen

Du befindest dich zurzeit in einer ganz besonderen Entwicklung oder stehst an der Stufe davor. Du bist auf dem Weg zum erwachsenen Menschen, zur Frau. Du wirst merken, dass du dich dabei nicht nur körperlich veränderst, sondern dass dir manches auf einmal ganz anders als bisher und geradezu unwirklich und fast fremd vorkommt. Die entscheidendsten Veränderungen hängen damit zusammen, dass deine Sexualität erwacht. Das ist an körperliche Veränderungen gekoppelt, aber auch an seelisches Wachstum. Dadurch möchtest du dich nach und nach verstärkt von deinen Eltern abnabeln und dich lieber anderen Menschen und deiner Zukunft zuwenden. Und ganz sicher willst du auch mehr und mehr eigene Sachen machen.

Deine Eltern möchten dich behütet und gesund durch die Pubertät bringen. Das ist ein verständlicher Wunsch und für dich ist das auf jeden Fall gut so. Nur wird dir das trotzdem manches Mal ziemlich auf die Nerven gehen. Denn du wirst das Gefühl haben, dass dies deinen eigenen Interessen und Vorstellungen widerspricht. Daraus kann logischerweise eine Reihe von Konflikten entstehen. Kann, muss aber nicht. Denn die Eltern von heute sind meist sehr fortschrittlich und verstehen sich fast immer auch in der Pubertät recht gut mit ihren Kindern.

Bei den meisten Problemen, die dich beschäftigen, handelt es sich jedoch um ganz normale Probleme von Jugendlichen, die auf dem Weg zu einer eigenen Persönlichkeit sind. Manche sind noch nicht einmal Probleme, sie erscheinen dir vielleicht nur so, weil du dich noch nicht mit ihnen auskennst oder nicht weißt, was dahinter steckt. Insofern lassen sich viele Schwierigkeiten mit einer guten Portion Wissen, Diplomatie und Verständnis für die anderen regeln. Entscheidend ist aber, dass du für dich selbst Verständnis hast und begreifen kannst, was in dir und mit dir passiert. Dabei will dir dieses Buch helfen. Es soll Antworten auf die wichtigsten Fragen geben, die dich berühren und beunruhigen können. Das meiste im Leben wird nämlich bedeutend einfacher, wenn man weiß, was los ist. Und nur dann kann man auch wirklich Entscheidungen treffen.

Mädchen erleben ihre Pubertät anders als Jungen. Das wirst du sicher an deinen Freunden merken. Sie entwickeln sich körperlich und seelisch auf ihre eigene Weise, erleben die Sexualität anders, kommen zu einer anderen Einschätzung, was viele Dinge des Lebens angeht. Deswegen ist dieses Buch für Mädchen gedacht. Natürlich können es auch Jungen lesen, die über ihren Tellerrand hinausschauen und wissen wollen, wie sich Mädchen entwickeln, wie sie denken und fühlen. Aber selbstverständlich kommt ebenfalls alles darin vor, was du über Jungen wissen willst.

Erwachsen werden ist nicht nur ein spannendes Abenteuer, sondern oft ein ziemlich anstrengendes, weil sehr viel Neues von außen und innen auf einmal auf dich einstürmt. Es gibt Unmengen von interessanten Sachen zu entdecken. Manchmal wird dir dein Leben fast wie ein Kinofilm erscheinen. So wirst du dich zum Teil ganz verträumt, zum anderen aber auch ganz wach und klar fühlen. Mal hast du gute Laune, mal hängst du total durch. Das sind ganz normale Erscheinungen deines Alters. Versuche einfach, diese innere Vielfalt zu genießen. Nie wieder im Leben wirst du in dieser Weise die Chance haben, über alte Möglichkeiten hinauszuwachsen und sowohl körperliche als auch geistige und seelische Veränderungen wahrzunehmen und auszukosten – ohne gleich total zur Verantwortung gezogen zu werden.

Ist es normal, dass ich mit 14 noch nicht in der Pubertät bin, aber fast alle meine Freundinnen schon?

Ja, völlig. Jedes Mädchen hat sein eigenes Tempo.

Wird das Leben durch die Pubertät anders?

Aufregender und schwieriger!

Warum stehe ich jetzt so oft allein da?

Das kommt dir nur so vor. Deine Seele beginnt sich abzunabeln.

Warum finde ich auf einmal vieles blöd, was Erwachsene sagen?

Weil du dir jetzt eine eigene Meinung bildest.

Ich verstehe mich manchmal selbst nicht.

Du lernst dich ja jetzt auch erst richtig kennen!

Haben andere Mädchen auch manchmal so eine Angst vor der Zukunft wie ich?

Das ist völlig normal. Haben Erwachsene übrigens oft auch – gerade in schwierigen Zeiten.

Sehen meine Freundinnen und die Popstars nicht alle viel toller aus als ich?

Lass dich nicht in die Irre führen: Du bist einzigartig!

Warum fühle ich mich manchmal wie ein hässliches Entlein?

Weil du dich nun von außen betrachtest und dein Aussehen am gnadenlosen Schönheitsideal und dem jeweiligen Modetrend misst.

Warum werde ich manchmal von meiner schlechten Laune fast erschlagen?

Weil du erst lernen musst, mit negativen Gefühlen umzugehen. Außerdem tanzen deine Hormone in der Pubertät manchmal Tango.

Warum hat mich auf einmal keiner mehr lieb?

Das ist ein Irrtum. Es gibt immer Hände, die dich festhalten.

Was passiert in der Pubertät mit mir?

Die Pubertät ist die Lebensphase, in der du erwachsen wirst. In dieser Zeit wächst du nicht nur körperlich zu einer Frau heran, die Babys bekommen kann, sondern reifst auch seelisch. Das ist mit vielen Veränderungen in deinem Leben verbunden: Du möchtest dich mehr und mehr von deinen Eltern abnabeln, entwickelst zu vielen Dingen andere Ansichten als sie, möchtest neue Freunde finden, dich verlieben, auf die erste große Liebe zusteuern, kurz und gut: Du wirst erwachsen und willst dich auch so verhalten. Zum ersten Mal in deinem Leben verfolgst du deine eigene Entwicklung bewusst mit und möchtest sie selbst steuern. Da das für dich und deine Eltern völlig neu ist, sind Krisen und Missverständnisse unausweichlich. Allerdings ist das eine sinnvolle Ablösung, die dich auf ein Leben vorbereitet, in dem du für dich allein verantwortlich bist.

Im Allgemeinen beginnt diese Phase um das 10. Lebensjahr herum und ist ungefähr mit 17 bis 18 Jahren abgeschlossen. Mädchen kommen etwa anderthalb Jahre früher in die Pubertät als Jungen. Mädchen und Jungen in den Industriestaaten – also Europa und USA – erleben die Pubertät früher als Kinder in anderen Ländern, ganz besonders als die in den Entwicklungsländern.

Auch hier zu Lande setzte die Pubertät in früheren Generationen später ein: Noch vor etwa hundert Jahren bekamen Mädchen erst mit 16 Jahren ihre erste Regel. Heute ist das manchmal schon bei neunjährigen Mädchen der Fall.

Warum das so ist, weiß man noch nicht so genau. Wahrscheinlich wird der Beginn der Pubertät von einer Reihe von Dingen beeinflusst. Fachleute sind beispielsweise der Ansicht, dass vor allem die ausreichende Ernährung und unsere günstigen Lebensbedingungen dafür verantwortlich sind. Früher hatten die Menschen oft nicht genug zu essen und lebten allgemein schlechter – vor allem in unhygienischeren Verhältnissen – als wir heute. Möglicherweise spielt auch Stress eine Rolle. Andererseits ist aber auch Vererbung ein ganz wesentlicher Punkt. Wie man weiß, ist der Verlauf der Entwicklung bei Familienmitgliedern oft sehr ähnlich. Wahrscheinlich aber beeinflussen sich all diese Umstände gegenseitig.

Ob du selbst nun mit 10 oder mit 14 Jahren in die Pubertät kommst, lässt sich nicht vorhersagen. Beides ist gleichermaßen normal und es braucht dich nicht zu beunruhigen – egal, ob du dich nun besonders früh oder besonders spät entwickelst.

Warum ist plötzlich alles ganz anders?

Du wachst eines Morgens auf und spürst, dass du dich verändert hast und mit dir die Welt. Wenn ein Mädchen zur Frau wird, werden viele innere und äußere Dinge anders. Die Veränderungen können ganz allmählich vonstatten gehen, sodass du dich langsam daran gewöhnen kannst, aber auch in richtigen Schüben, sodass du dich geradezu überfallen fühlst. Die Pubertät ist eine Zeit des Übergangs: Dein Leben wird schwieriger, weil du dabei bist, dich zu einem selbstständigen Menschen zu entwickeln. Die meisten Menschen glauben, das Wichtigste an der Pubertät seien die körperlichen Veränderungen. Sie sind jedoch lediglich die sichtbarsten. Was dich genauso beschäftigen wird, sind die seelischen Veränderungen und der sich ändernde Umgang mit anderen Menschen, die daran gekoppelt sind oder mit dem Erwachsenwerden allgemein zu tun haben.
Bei jedem Mädchen setzen diese Veränderungen zu einem anderen Zeitpunkt ein, der sich nicht vorhersagen lässt. Auch kann man nicht vorhersehen, wie du darauf reagierst und damit fertig wirst. Denn das hängt nicht nur vom Tempo deiner ganz persönlichen körperlichen Entwicklung ab, sondern auch davon, was für ein Mensch du bist, welche Fähigkeiten du mit auf die Welt bekommen hast, in welchen Verhältnissen du lebst, wie du damit klarkommst, wie deine Eltern gestrickt sind und welche Vorbilder du dir auswählst.

Allein daraus wird schon deutlich, dass all deine Freundinnen und Freunde sich in einer völlig anderen Phase befinden können als du oder mit anstehenden Problemen besser oder schlechter fertig werden – obwohl ihr gleich alt seid. Während du dich vielleicht schon für einen Jungen aus der nächsten Klasse interessierst, spielt deine Freundin womöglich noch mit Puppen. Oder aber deine Klassenkameradin hat bereits einen richtigen Busen und bei dir ist die Brust noch ganz flach. Während du dich selbst vielleicht ganz hässlich, unbeholfen und linkisch fühlst, tritt deine gleichaltrige Cousine schon sexy, verführerisch und selbstbewusst wie ein berühmter Popstar auf. Das ist einer der Gründe, warum du dich in der Zeit der Pubertät manchmal ganz besonders einsam fühlen kannst. In gewisser

Hinsicht verstärkt sich dein Abstand zu allen anderen Menschen, weil du dich mehr und mehr als Einzelwesen fühlst.

Mit deinen Eltern wirst du – wahrscheinlich zum ersten Mal in deinem Leben – ziemlich sicher handfeste Schwierigkeiten bekommen. Vieles von dem, was sie sagen und tun, wird dir auf einmal verschroben vorkommen und peinlich sein. Möglicherweise »dämmert« dir, dass deine Familie und ziemlich sicher insbesondere deine Mutter dringend »renoviert« werden müsste. Das stimmt zwar nicht, doch kommt es dir nun so vor. Andererseits sind deine Eltern – und hier wahrscheinlich auch wieder deine Mutter – deine liebsten Menschen auf der Welt. Diese zwiespältigen Gefühle können ein Gefühl der Einsamkeit in dir auslösen.

Du entwickelst für alles neue Sicht- und Denkweisen. Merkst auf einmal, dass es nicht nur den einen Weg gibt, den deine Eltern in ihrem Leben gehen, sondern viele verschiedene, und dass du auch selbst ausprobieren oder entscheiden willst, welchen du für dich selbst am besten findest. Die Pubertät ist keine Zeit der Halbherzigkeiten oder faulen Kompromisse. Du willst jetzt alles ganz genau wissen. Konsequenz im Denken und Handeln ist für dich besonders wichtig. Dein Horizont erweitert sich täglich und du lernst mit Riesenschritten dazu.

Was dir wahrscheinlich auch zu schaffen machen wird, sind unerklärliche Gefühlsumschwünge oder –ausbrüche, die dich von Zeit zu Zeit überfallen. Oft weißt du selbst nicht, was mit dir los ist.

Warum ist meine Laune heute so, morgen so?

Du bist jetzt wahrscheinlich häufig launisch und gereizt und könntest vor allem dann in die Luft gehen, wenn dich jemand darauf anspricht. Jeder hat ab und zu unangenehme Gefühle. Kein Mensch ist immer gleich gut »drauf«. Du weißt ja, dass auch deine Eltern oder Lehrer manchmal schlecht gelaunt sind und leicht aus der Haut fahren. Wir müssen es zwar lernen, mit solchen negativen Gefühlen umzugehen, doch es gelingt uns nicht immer gleich gut und schon gar nicht auf Anhieb.

An anderen Tagen wiederum sprühst du vor Lebensfreude und Unternehmungslust. Du möchtest überall herumtoben und alles gleichzeitig entdecken. Du reißt alle anderen mit deiner Fröhlichkeit mit und möchtest dich über viele Dinge ausschütten vor Lachen. Mit deinen Freundinnen kannst du so kichern und herumalbern, dass Außenstehende fast Angst um euch bekommen. Wenn du in dieser Stimmung mit Jungen zusammen bist, sind sie wahrscheinlich völlig von dir hingerissen.

Dass es dir jetzt mal so, mal so geht, liegt zum einen an den Hormonen, die nun in deinem Körper in größeren Mengen gebildet werden. Sie bestimmen nämlich dein Befinden mit. Solange die Hormonbildung sich noch nicht richtig eingependelt hat, wirst du dich mit dieser Gefühlsachterbahn herumplagen müssen. Zum anderen »merkst« du jetzt einfach mehr, du nimmst dich intensiver wahr und du beginnst, alles Mögliche zu hinterfragen. Wahrscheinlich aber wirst du dich manchmal selbst nicht richtig verstehen.

Gefühle können verwirren und aufwühlen. Sie können wunderbar und herrlich sein, sie können aber auch Angst machen und einen mit einer solchen Wucht treffen, dass man sich kaum vorstellen kann, wie es weitergehen soll. Manchmal glaubt man, dass man von seiner eigenen Stimmung niedergedrückt wird, vor allem wenn es sich um miese Gefühle handelt – wie Wut, Eifersucht, Hass, Selbstzweifel, Liebeskummer oder Angst.

Die meisten Jugendlichen stecken hin und wieder in einem solchen Chaos von Gefühlen: Sie merken plötzlich, wie dicht nebeneinander sie liegen können, dass man gleichzeitig lieben und hassen kann, eifersüchtig und selbst untreu, wütend und sanft sein kann. Bestimmt bist du hin- und hergerissen zwischen der Lust, bald auf eigenen Füßen zu stehen, und andererseits der Furcht davor. Das strengt an und kann dazu führen, dass du dich von anderen Menschen zurückziehen möchtest, dass du aus heiterem Himmel mit ihnen streitest, sie heftig angreifst, dass du ohne erkennbaren Grund weinst oder lachst. Manchmal reicht schon ein Song im Radio aus, um dich in gute oder traurige Stimmung zu versetzen.

Jeder muss lernen, mit seinen Gefühlen bewusst umzugehen. Mit den guten Gefühlen ist das meistens kaum ein Problem. Mit schlechten kann das sehr problematisch sein. Manchmal sind sie so stark, dass sie irgendwie aus einem herausmüssen. Schön ist es, wenn du mit anderen darüber sprechen kannst. Vielleicht vertraust du deinen Kummer und deine Freude einem Tagebuch an. Viele Mädchen schreiben Gedichte, kleine Geschichten oder malen, wenn sie in einer besonderen Stimmung sind.

Manche Jugendliche, die mit ihren negativen Gefühlen nicht zu Rande kommen, wenden ihre Energien gegen sich selbst an, indem sie beispielsweise zu wenig schlafen, zu viel oder zu wenig essen, leichtsinnig sind, Drogen nehmen oder sich bis zur Erschöpfung anstrengen. Damit wollen sie ihren Kummer vergessen, doch das ist ganz sicher der falsche Weg.

Natürlich muss man seine Gefühle in irgendeiner Form ausdrücken. Sie darf jedoch einem selbst und anderen nicht weh tun oder in irgendeiner Weise schaden. Wer negative Gefühle nicht irgendwie »rauslässt«, wird auf Dauer krank und in manchen Fällen auch aggressiv oder gewalttätig. Das kannst du sehr gut bei Erwachsenen beobachten, die es nicht gelernt haben, auf natürliche Weise mit ihren Hochs und Tiefs umzugehen. Viele Magengeschwüre, andere Krankheiten oder Kopfschmerzen haben darin ihre Ursache.

Die Pubertät scheint also eine sehr widersprüchliche Sache zu sein. So als würdest du über Nacht erwachsen, obwohl du noch ein Kind bist. Einerseits bedeutet das mehr Freiheit und Unabhängigkeit für dich, andererseits aber auch mehr Verantwortung. Es ist ganz klar, dass du dich da oftmals ganz allein fühlst und von deinen Gefühlen regelrecht überwältigt wirst. Wenn die Menschen um dich herum dich ernst nehmen und verstehen, dass du eine ganz wichtige Entwicklung durchläufst, wird vieles etwas einfacher für dich. Sind sie aber selbst überfordert damit, dass du nun erwachsen wirst, kann das deine Lage erheblich erschweren. So oder so wirst du wahrscheinlich manchmal das Gefühl haben, dass dich keiner versteht und deine Eltern dich nicht mehr richtig lieb haben.

Je mehr du ungeschützt durch deine Eltern mit der Realität – der Welt »draußen« – konfrontiert wirst, desto öfter wirst du auch negative Erfahrungen machen. Du wirst eine ganze Menge Dinge ausprobieren, die nicht immer von Erfolg gekrönt sind – gerade im Umgang mit anderen Menschen. Das geht allen so. Du darfst dich dadurch nicht entmutigen lassen. Der bei Eltern sehr beliebte und deshalb etwas nervige Satz »Übung macht den Meister« hat durchaus seine Berechtigung. Und deswegen ist es auch gut, wenn du immer noch in die Geborgenheit deiner Familie zurückkehren kannst.

Hinter all den Gefühlsumschwüngen stehen die Fragen, die dich zurzeit wohl am meisten bewegen: »Wer bin ich eigentlich, wohin wird mich mein Weg hinführen, wird sich alles so entwickeln, wie ich es mir erträume?« Eine ganz entscheidende Überlegung vieler junger Menschen ist auch folgende: »Welchen Sinn hat das Leben, hat es überhaupt einen Sinn?«

Diese Fragen bewegen die Menschen seit Jahrtausenden; sie bilden sogar die Grundlage für die Entstehung der Weltreligionen.

Manchmal wirst du das Gefühl haben, wie in einem Film zu leben, in dem du dir selbst zuschaust. Wie oft hast du als Kind in den Spiegel geguckt und davor herumgealbert? Nun hast du das Gefühl, als würdest du dich zum ersten Mal richtig sehen. Du kommst dir auf einmal gar nicht mehr vertraut vor und du siehst dich aus einer ganz neuen Sicht. Und dein Äußeres verändert sich ja tatsächlich. Du nimmst viele Einzelheiten an dir zum ersten Mal richtig wahr – etwa deine Augen, deine Haare, deine Figur. Zum anderen erlebst du dich jetzt erstmals richtig als Einzelwesen – völlig unabhängig von deinen Eltern.

Gleichzeitig fängt es in deinem Kopf nun an zu rumoren. »Er denkt mit dir« viele neue Dinge, die aufregend, aber auch beängstigend sein können. Das ganze Leben ist ein einziger Entwicklungsprozess. Der Mensch bleibt nie im Stillstand. Das ist gut so, denn wenn es nicht immer noch etwas Neues zu lernen gäbe, wäre das Leben ja langweilig.

In der Pubertät machst du die entscheidendsten Schritte in der Entwicklung deiner Persönlichkeit durch. Da passiert eben ziemlich viel auf einmal mit dir. Zwar bist du schon als Kind eine ausgeprägte Persönlichkeit gewesen, doch jetzt prägen sich weitere Charaktereigenschaften aus. Vor allem entwickelst du deine eigene Meinung und deine eigenen Vorstellungen vom Leben.

Anfangs ist es schwierig für dich zu ahnen, was für ein Mensch du am Ende sein wirst. Du entwickelst erst allmählich eine Vorstellung davon, wie du gerne sein möchtest. Das ergeht übrigens deiner Umwelt genauso. Deine Eltern und deine Familie werden deine Entwicklung manchmal mit Staunen, mit Sorge und manches Mal mit Unverständnis verfolgen. Es ist für sie ebenfalls schwer einzuschätzen, wohin dich dein Weg führen wird, weil du zunächst einmal vieles für dich selbst ausprobieren musst. Für die Ungeduld und Sorge deiner Eltern solltest du deshalb Verständnis aufbringen. Sie tun das nicht, um dich zu ärgern oder dir Steine in den Weg zu legen. Sie machen sich wirklich Sorgen und sie sind nach wie vor für dein Wohlergehen verantwortlich.

Was bin ich als Frau überhaupt wert?

»Spieglein, Spieglein an der Wand, wer ist die Schönste im ganzen Land?« Dieser Satz aus dem Märchen Schneewittchen ist heute aktueller denn je. Die schöne Königin will sich immer wieder vergewissern, dass sie die absolut Schönste ist. Dabei besitzt sie alles, was sich Menschen so wünschen: Macht, Reichtum, Anerkennung, eine Familie. Eigentlich könnte sie zufrieden sein. Dennoch wird sie von bohrenden Zweifeln geplagt, die sich erst legen, wenn der Spiegel ihr bestätigt: »Frau Königin, Ihr seid die Schönste im ganzen Land.« Doch ihre Zuversicht hält nicht lange vor, dann wird sie wieder ängstlich und befürchtet, eine andere Frau könne ihr die Show stehlen, schöner und beliebter sein als sie selbst. Diese Gefahr geht von Schneewittchen aus, deshalb sagt die Königin ihr einen erbitterten Konkurrenzkampf an. Sie möchte das hübsche Mädchen vernichten, damit sie selbst die Schönste bleibt.

In diesem Märchen spiegelt sich viel Wahres über Mädchen und Frauen wider: Schönheit, Attraktivität, Schlankheit und »modernes Styling« sind für das weibliche Geschlecht von wachsender Bedeutung. Leider ist das Streben danach – so verständlich es auch sein mag – nicht besonders gesund. Denn es kostet viel Zeit, Kraft und eine Menge Geld. Unsere Kultur ist von diesem weiblichen Ideal geradezu besessen: Der gesamte Wert eines Mädchens wird immer mehr von ihrer äußeren Attraktivität abhängig gemacht. Waren bis zur Pubertät andere Dinge wichtig – etwa beim Sport oder in der Schule gut sein, mit Freundinnen auf Abenteuerjagd gehen – müssen Mädchen nun feststellen, dass nur noch die Attraktivität zählt. Sie werden von allen Seiten taxiert und beäugt, ob sie auch attraktiv genug sind.

Dem weiblichen Körper mit seinen weichen Rundungen, der sich im Laufe eines Zyklus unter dem Einfluss von Hormonen verändern kann, ist ein gnadenloser Kampf angesagt worden. Er wird nicht mehr genommen, wie er von Natur aus ist, sondern geschunden und gebogen, bis er ins rechte Format passt. Schnurgerade magere Körper mit aufgepeppten Ausbuchtungen an den richtigen Stellen gelten als ideal. Das Vorbild ist eine Barbie-Puppe aus Plastik, ein genormter Mensch und keine Frau aus Fleisch und Blut. Unterstützt wird das durch die Bilder der Pop-Ikonen aus Frauen- und Jugendzeitschriften: Sie führen uns unsere Unzulänglichkeiten vor Augen, um auf der nächsten Seite mit Fitnesstipps, teuren Cremes, neuen Frisuren, modischen Kleidungsstücken und vor allem Diäten Abhilfe zu versprechen.

Mädchen und Frauen können durch die Medien, Filme und Zeitschriften nur den Eindruck gewinnen, dass in unserer Gesellschaft ausschließlich Frauen Anerkennung erlangen, die schön, schlank und angepasst sind. Die »inneren Werte« oder persönlichen Charaktereigenschaften einer Frau zählen da plötzlich gar nicht mehr. Das nagt am Selbstwertgefühl, mit dem sich Mädchen und Frauen ohnehin oft schwer tun. Ihnen wird das Gefühl vermittelt, sie könnten sich noch so sehr anstrengen, um mit Intelligenz, Klugheit, Engagement, Mut und Einsatzwillen etwas zu erreichen, alles nütze jedoch nichts, wenn der Körper nicht ins Schema passe. So können Frauen eigentlich nie zufrieden sein mit sich und ihrem Äußeren.

Das Streben nach dieser Art von Schönheit hat etwas mit mangelnder Selbstliebe zu tun. Wer sich selbst nicht mag, gesteht sich keine Fehler zu und versucht, die fehlende Selbstliebe durch Anerkennung von außen wettzumachen. Dahinter steht die Ansicht, dass Natur pur ebenso wenig wert ist wie eine Frau ohne diese ganze Maskerade.

Das kann dazu führen, dass Mädchen sich ausschließlich mit ihrem Äußeren beschäftigen. Sie versuchen, diesem Bild nahe zu kommen, das sich unsere Gesellschaft von einer schönen Frau macht. Das hat zur Folge, dass einem Mädchen oder einer Frau oft nicht gefällt, wie es oder sie aussieht: Die Brust ist zu klein, die Nase zu groß, die Haut unrein, die Beine zu dick, der Po zu flach, die Haare strähnig und so weiter und so weiter. Das Schönheitsideal orientiert sich überhaupt nicht an der Wirklichkeit. Es gibt so viele unterschiedliche Typen von Menschen. Jeder ist auf seine Weise schön und wichtig ist vor allem die Ausstrahlung und Wirkung auf andere

Menschen. Es ist überhaupt nicht erstrebenswert, so aussehen zu wollen wie andere. Dann wäre ja bald eine Frau nicht mehr von der anderen zu unterscheiden. Wie langweilig.

Gerade in der Pubertät, wenn du dich ohnehin intensiv mit deinem Aussehen beschäftigst, kann das Schönheitsideal dich besonders heftig treffen. Du kannst dir praktisch »ein Bein ausreißen«, du wirst es nie erreichen, so perfekt auszusehen, wie es verlangt wird. Ganz einfach weil du du bist.

Manche Mädchen suchen an sich dann nur noch die Mängel und sehen sich in jeder anderen Frau wie in einem Spiegel, fühlen sich ständig beobachtet und beurteilt. Eine besonders schlimme Folge des Schönheitsideals sind die Magersucht und die Fress- und Brechsucht. Die Magersucht ist inzwischen die häufigste Todesursache unter Mädchen und jungen Frauen geworden. Ein trauriger Rekord, nicht wahr? (Mehr darüber auf Seite 139ff.)

Das bedeutet nun natürlich nicht, dass Mädchen sich nicht schön machen, sich nicht pflegen und nicht verführerisch sein dürfen. Es lohnt sich nur nicht, danach zu streben, aussehen zu wollen, wie man gar nicht aussieht. Und zu glauben, ein Mädchen würde nicht wahrgenommen, wenn sie sich nicht entsprechend herrichtet. Jeder Mensch ist anders als alle anderen, mit einem ganz einzigartigen Körperbau, einer ganz einzigartigen Schönheit und mit einzigartigen Fähigkeiten ausgestattet. Die meisten Männer übrigens – das wird immer wieder in Studien bestätigt – sind gar nicht so kritisch, wie Frauen sich das vorstellen. Sie mögen natürliche und normale Frauen, meistens sogar lieber etwas üppigere.

Um für einen Jungen schön zu sein, musst du kein Geld ausgeben, musst nicht hungern oder deine wertvolle Zeit verschwenden. Du selbst – so wie du bist und weil du so bist, wie du bist – bist das Schönste, was du einem anderen Menschen schenken kannst.

Ich fühle mich unwohl in meinem Körper – wie kommt das?

Als Kind empfindet man seinen Körper als etwas völlig Selbstverständliches. In der Pubertät fängt jeder Mensch an, sich selbst zu beobachten. Eine Zeit lang während des Wachstums entwickelt sich alles unterschiedlich schnell. So fühlen sich junge Menschen manchmal unharmonisch und linkisch in ihren Bewegungen. Häufig wächst der Körper schneller, als ihm die Seele folgen kann. Das ist fast ein wenig wie die alte indianische Weisheit, dass man sich nicht schneller bewegen soll, als die Seele mitkommt. So kannst du einen fast ausgewachsenen Körper haben, dich aber noch wie ein kleines Kind fühlen. Es ist nur eine Frage der Zeit, bis sich das wieder gibt.

Manche Mädchen mögen ihren Körper dann aber noch immer nicht. Das liegt daran, dass wir alle unter dem Eindruck des bereits oben beschriebenen Schönheitsideals groß werden, das einen möglichst »perfekten« Körper vorschreibt – was immer man auch unter perfekt verstehen mag. Und das ist eben ein Ding der Unmöglichkeit: Es gibt keinen perfekten Menschen, denn schließlich werden wir nicht in einer Fabrik angefertigt. Du solltest schnellstens lernen, dich nicht ständig mit anderen zu vergleichen, dich zu kontrollieren und mit den Augen von anderen zu sehen, sondern mit deinen eigenen. Sich selbst mögen lernen, heißt die Zauberformel. Aber wie macht man das?

Dazu gehört natürlich eine große Portion Selbstbewusstsein. Da sich das ja auch erst mit der Zeit entwickelt, sind Mädchen in deinem Alter vor ein echtes Problem gestellt. Hinzu kommt, dass Mädchenkörper von frühester Kindheit daraufhin betrachtet werden, ob sie hübsch und anmutig genug sind. Jungen werden vor allem daraufhin »überprüft«, ob sie gesund und kräftig sind. Ein niedliches Mädchen bekommt viele anerkennende Komplimente zu hören und lernt damit früh, wie wichtig ihr Äußeres für die Umwelt ist. Man lässt ihm kaum eine Möglichkeit, das zu vergessen. Keine andere Tugend wird so hoch bewertet.

Hässlich ist da alles, was größer, kleiner, anders geformt, anders behaart, anders proportioniert, von anderer Hautfarbe ist, als es »sein soll«. Hässlich ist, was wir hassen lernen oder wovor wir Angst haben. Leider verführt uns das selbst dazu, uns über andere abfällig zu äußern. Wenn du ehrlich bist, hast du bestimmt schon über das Aussehen von anderen Mädchen gelästert. Da wir selbst wissen, wie sehr uns gehässige Bemerkungen über uns weh tun, sollten wir sehr vorsichtig mit anderen umgehen – du weißt ja nie, was du damit anrichtest. Solche Bemerkungen verletzen nämlich das Selbstwertgefühl von Mädchen manchmal so nachhaltig, dass sie nicht lernen, sich zu mögen, und am Leben verzweifeln. Sie finden sich nur noch hässlich. Diese eingebildete Hässlichkeit bringt sie dazu, alles Mögliche an sich verändern zu wollen: den Busen vergrößern oder verkleinern, die Nase niedlicher operieren lassen, die dunkle Haut heller machen, den Po flacher. Schönheitsoperationen haben bei uns Hochkonjunktur – gerade auch bei Mädchen und jungen Frauen. Doch ein neues Gesicht macht keinen anderen Menschen aus einem. Auch Verletzungen und Kränkungen können dadurch nicht vergessen werden.

Nur wer sich selbst für liebenswert hält, glaubt anderen, dass sie einen lieben und für einzigartig halten. Wer sich selbst mag, kann die Liebe und den Menschen, der sie schenkt, ernst nehmen. Wenn eine junge Frau einmal so weit ist, sich schön zu finden, sich selbst zu mögen, zufrieden aus sich herauszustrahlen, bekommt sie Anerkennung, die sich nicht mehr an ihrem äußeren Erscheinungsbild festmacht. Schönheit entspringt dem Bewusstsein, im Leben einen Sinn zu sehen, es mit Schwung, Elan, Lachen und Klugheit zu gestalten und die Chance zu leben in jedem Augenblick zu nutzen. Die Selbstachtung einer Frau entspringt dem Gefühl, ganz sie selbst zu sein, sich so zu lieben, gut zu sich zu sein und zu sich selbst zu stehen. Solch gute Schwingungen lassen dich von innen heraus leuchten und übertragen sich auf alle anderen.

Was soll ich tun, wenn ich denke, ich kann nicht mehr?

Jugendliche fühlen sich oftmals einsam und allein. Manchmal selbst dann, wenn eine Menge anderer Menschen um sie herum sind. Das ist völlig normal in dieser Zeit. Du wirst empfindsamer, musst lernen, Rückschläge einzustecken und dich mit negativen Gefühlen herumzuplagen. Bei einigen schlagen diese Verlassenheitsgefühle in eine so tiefe Verzweiflung um, dass sie nicht mehr wissen, wie es mit ihnen weitergehen soll. Sie fühlen sich todtraurig und empfinden ihre Situation als ausweglos. Immer wieder kommt es vor, dass junge Menschen am Leben so verzweifeln, dass ihnen der Tod besser vorkommt als das Leben. Doch der Tod löst keine Probleme, er beendet sie nur. Viele junge Menschen, die über Selbsttötung nachdenken, wollen wahrscheinlich gar nicht sterben, finden aber keinen Weg ins Leben zurück. Sie wollen nicht wirklich tot sein, nur nicht so weiterleben wie bisher. Sie sehnen sich in erster Linie nach Ruhe, Geborgenheit, Schlaf und Vergessen.

Wer seinem Leben selbst ein Ende setzen will, ist in einer ganz tiefen Krise – etwa mit sich selbst, seiner Familie, mit Liebeskummer oder Schulproblemen. Die Krise ist der Endpunkt einer längeren Leidensgeschichte, die manchmal schon in der Kindheit begonnen hat und eine Mischung von Leid, Kränkung, Trennung, Verlust, Gewalt, körperlichen und seelischen Schmerzen sein kann. Was wir als positives oder negatives Marschgepäck aus der Kindheit mitbringen, beeinflusst ja viele Dinge im späteren Leben. Wer schon einen schweren Rucksack trägt, hat es in den unüberschaubaren Wirbelstürmen des Erwachsenwerdens schwerer. Ein lebensmüder Jugendlicher fühlt sich vor allem von für ihn wichtigen Personen in seiner Umgebung nicht verstanden, nicht geliebt, nicht so angenommen, wie er ist. Das liegt oft auch daran, dass beide Eltern berufstätig sind und sich wenig Zeit nehmen für ihr Kind oder andere Probleme haben, wie Arbeitslosigkeit oder akute Geldsorgen, die sie so beschäftigen, dass sie ihr Kind nicht mehr richtig wahrnehmen. Die auslösende Situation in der Gegenwart ist also selten der wahre Grund für dieses totale »Ich kann nicht mehr«.

Jeder Versuch, sich selbst das Leben zu nehmen, ist ein Schrei nach Hilfe, nach dem Geliebt-werden-Wollen, nach Verständnis und besseren Beziehungen. Solltest du dich in einer solchen Krise befinden, kannst du ganz sicher sein: Es gibt immer Menschen, die sehr daran interessiert sind, dass du lebst. Denn du bist auf der Welt, um zufrieden und glücklich zu leben, nicht um enttäuscht zu sterben. Es gibt kein Rezept für ein geglücktes Leben, aber es gibt Wege, die dorthin führen können, und Menschen, die dich gerne begleiten. Es gibt immer Hände, die dich fest halten. Vielleicht musst du sie dir nur selbst aussuchen. Manchmal sind es auch Hände von völlig Fremden. (Adressen von Menschen, die dir in solchen Situationen vorbehaltlos helfen, findest du ab Seite 160ff.)

Menschen, die sich selbst nicht helfen können, brauchen Hilfe von außen. Sie sind in ihre Gefühle, Ängste und Verzweiflung so verstrickt, dass sie einfach den Überblick verloren haben. Es ist hilfreich, mit anderen darüber zu sprechen und gemeinsam zu suchen, wo Auswege und Möglichkeiten sind. Es ist überhaupt keine Schande und kein Versagen, andere Menschen um Hilfe zu bitten.

Woran merke ich, dass es anderen schlecht geht?

Wer erwachsen wird, entwickelt sich zu einem Menschen, der bewusst mit anderen zusammenlebt und im Idealfall auch Verantwortung für sie übernimmt. So wirst du verstärkt bemerken, in welcher Stimmung sich andere Menschen in deiner Umgebung befinden. Und oft wirst du dich auch um sie sorgen und ihnen unter die Arme greifen wollen. Ein offenes Ohr für die Probleme anderer Menschen zu haben, können wir gar nicht hoch genug schätzen, und es ist ein wesentliches Merkmal eines wirklich reifen Menschen.

So können sich deine Eltern oder deine Geschwister manchmal in einer besonders schwierigen Lage befinden, in der sie deine Hilfe brauchen – beispielsweise wenn sie Geldsorgen haben, beruflich nicht ganz klarkommen oder sich streiten. Deine Freundinnen und Freunde fahren genauso wie du oft auf einem Gefühlskarussell. Manche von ihnen können vielleicht schlechter damit umgehen als du. Es hilft über vieles hinweg, wenn ihr miteinander reden könnt über alles, was euch betrifft.

Gerade bei Jugendlichen können sich die Probleme aber so anhäufen, dass sie zu einem Ausweg greifen, der ihnen selbst schadet. Sie fangen an, sich von einer Beziehung in die nächste zu stürzen, nichts mehr zu essen, ganz extrem viel zu rauchen, Alkohol zu trinken, gefährlich oder betrunken Auto zu fahren, Drogen zu nehmen oder kriminelle »Dinger zu drehen«. Wenn du glaubst, dass du mit Gesprächen nicht weiterkommst, könntest du versuchen, mit einem Lehrer darüber zu sprechen, dem du vertrauen kannst. Vielleicht lassen sich manche Themen in den Unterricht einbauen oder zu Projekt-Themen machen.

Es gibt für solche Probleme Ansprechpartner in Beratungsstellen, die darauf eingerichtet sind, Angehörigen und Freunden Hilfestellung zu geben. Das gilt übrigens auch, wenn in deiner Familie Alkohol- oder Suchtprobleme auftreten. Die Anonymen Alkoholiker beispielsweise haben speziell dafür Angehörigengruppen eingerichtet, in denen auch den Kindern weitergeholfen wird.

Solltest du das Gefühl haben, dass in deiner Umgebung jemand selbstmordgefährdet ist, solltest du ebenfalls besser Hilfe von außen suchen. Meist senden die Lebensmüden vorher Alarmsignale aus, die unbedingt ernst genommen werden sollten. Sie sind oft nicht bewusst oder absichtsvoll. Zum Beispiel können sie sich extrem von anderen Menschen zurückziehen, sich von den Freunden und Freundinnen richtig abkapseln und sich für nichts mehr interessieren, was um sie herum vorgeht.

Manchmal wird in solchen Situationen aber auch aus einem eher ruhigen Menschen eine richtig aufgedrehte Betriebsnudel. Extreme Gewichtszu- oder -abnahme, dauernde Kopfschmerzen, Müdigkeit und Schlaflosigkeit können auf eine solche tiefgreifende Krise hindeuten.

Menschen, die sich mit dem Tod auseinander setzen, äußern sich manchmal auch recht merkwürdig: Es kann sein, dass sie ihre Habe in Gedanken schon an die »Hinterbliebenen« verteilen, dies verschlüsselt schriftlich oder mündlich mitteilen, zum Beispiel mit der hingeworfenen Bemerkung: »Meine CDs soll Carmen bekommen!« Manchmal malen sie auch immer wieder Symbole wie schwarze Kreuze, die wir eindeutig mit dem Tod verbinden. Andere wiederum zeigen sich unmäßig interessiert daran, etwa über das »Recht zum Freitod« zu diskutieren. Oder sie interessieren sich sehr für Tabletten und anderes mögliches »Handwerkszeug«. Nicht selten kommen mehrere Anzeichen zusammen.

Wie nahe jemand der Ausführung solcher Gedanken ist, kann ein Außenstehender selten beurteilen. Die eigenen Maßstäbe spielen keine Rolle, nur die Gefühle des gefährdeten Menschen. Erfahrene Berater sind da vonnöten. Meist haben Erwachsene mehr Kenntnisse, wie man sich in solchen Situationen klug verhält. Also scheue dich nicht, dir Hilfe zu holen.

Was soll aus mir werden – gerade in diesen schwierigen Zeiten?

»Wenn ich erwachsen bin, möchte ich nur noch die Dinge tun, die ich wirklich will!« – das denkt sich fast ohne Ausnahme jeder Jugendliche. Es ist zu hoffen, dass das in Erfüllung geht. Doch bis dahin ist noch ein Stück Weg durch Wüste, Unterholz, schöne Wälder und saftige Wiesen zurückzulegen. Meist haben junge Menschen in deinem Alter ziemlich große Erwartungen an das, was passieren wird. Jeder Jugendliche braucht eine Menge Ermutigung und Rückendeckung von Familie und Freunden, um seine »zweite Geburt« durchzustehen. Zu keiner Zeit seines Lebens ist der Mensch verletzlicher als in der Pubertät. Das ist wie eine Häutung: Die alte Haut fällt ab, und bis die neue nachgewachsen ist, bietest du dich gewissermaßen schutz- und wehrlos dem Leben dar.

Die Realität ist oft ganz anders, viel »mehr« als erwartet. Oft ist sie nicht so schön und traumhaft. Nackenschläge bleiben nicht aus. Das Leben mit seinen Möglichkeiten richtig einzuschätzen, will erst gelernt sein. Je mehr du in die Welt hinausstrebst, desto häufiger kann es zu Enttäuschungen kommen. Aber auch zu Erfolgen, Glücksgefühlen und der Gewissheit, dass man es schaffen wird.

Erwachsen werden ist ein langer und beschwerlicher Weg, auf dem du Stück für Stück deine eigenen Erfahrungen machen wirst. Du musst Abschied nehmen von der Kindheit, ohne zu wissen, was nun auf dich zukommt. Du solltest dir dazu so viel Zeit zugestehen, wie du wirklich brauchst. Nicht nur Jugendliche, sondern auch Erwachsene haben ein unterschiedliches Tempo zu denken, zu leben und sich zu entwickeln. Manche schaffen es erst in einem »höheren« Lebensalter, richtig erwachsen zu werden.

Auf viele Fragen gilt es jetzt allmählich eine Antwort zu finden: »Welche Ziele will ich im Leben erreichen? Will ich beruflich erfolgreich sein? Mit viel Geld oder wenig leben? Kinder haben oder keine? Eine Partnerschaft, mehrere oder gar keine eingehen? Studieren oder eine Lehre machen? Mich für irgendetwas engagieren oder einfach nur Spaß haben und in den Tag hineinleben?«

Es gibt keine Notwendigkeit, die Antworten auf diese Fragen schnell zu finden. Die meisten finden sich mit der Zeit wie von selbst. Bis dahin ist es gut, wenn du immer wieder in deine Familie zurückkehren und dich von den Anstrengungen erholen kannst. Es gibt keinen Grund, dir selbst diesen Rückzug zu verweigern.

Warum wollen meine Eltern mich immer in Watte packen?
Weil sie sich Sorgen um dich machen und möchten, dass dir nichts passiert.

Bin ich schuld daran, dass meine Eltern sich nicht verstehen?
Kinder sind daran niemals schuld.

Wie lange muss ich noch mit meinen Eltern auskommen?
Am besten, solange es geht. Die Familie ist ein sicherer Ort, an dem du dich ausruhen kannst.

Warum verbieten mir meine Eltern so viel?
Sie müssen sich erst daran gewöhnen, dass du selbstständiger wirst.

Wie kann ich verhindern, dass meine Eltern sich streiten?
Wahrscheinlich gar nicht. Besprich das einmal mit einem außenstehenden Erwachsenen, der die beiden kennt.

Warum »motzt« meine Mutter sich neuerdings so auf?
Wahrscheinlich hat sie Angst, nun von dir zum alten Eisen geschoben zu werden, weil du erwachsen wirst.

Warum interessieren sich meine Eltern nicht für mich?
Vielleicht haben sie eine Menge eigener Probleme.

Wie finde ich eine Freundin, der ich vertrauen kann?
Überlege dir, welche Eigenschaften dir wichtig sind, und geh auf die Suche!

Ist Streit mit den Eltern unvermeidbar?
Sehr wahrscheinlich, ja.

Warum verstehe ich mich mit meinen Geschwistern jetzt nicht mehr so gut?
Weil du nun allmählich kein Kind mehr bist und deinen eigenen Raum brauchst.

Warum benehmen sich meine Eltern jetzt manchmal so blöd?

So wie du vieles in deiner Umwelt jetzt anders wahrnimmst, wirst du deine Eltern zum ersten Mal richtig mit ihren Stärken und Schwächen sehen. Als Kind fandest du bestimmt alles ganz in Ordnung, was sie sagten und taten. Nun wird dir verständlicherweise nicht mehr alles gefallen. In der Übergangszeit kann es deshalb für euch sehr problematisch sein, miteinander umzugehen.

Die meisten Schwierigkeiten sind jedoch ganz einfach zu verstehen: Die Eltern geben sich Mühe, ihre Kinder so zu erziehen, dass sie später gut und eigenständig durch das Leben kommen. Dafür sind sie verantwortlich, bis ihr Kind wirklich auf eigenen Beinen stehen kann. Diesen Zeitpunkt möchten sie hinausschieben, so weit es geht, während ihre Tochter oder ihr Sohn gerne, so schnell es geht, voranpreschen möchte. Bislang waren die Eltern ja verpflichtet, alles für ihr Kind zu entscheiden, zu organisieren und zu planen. Nun fällt dies dem Kind aber zunehmend lästig. Das ist für die Eltern eine schwierige Situation: Denn ihr Kind kann sich an manchen Tagen sehr erwachsen verhalten, an anderen wiederum überhaupt nicht. Und oft verschätzt und überschätzt es sich auch. Deine Eltern brauchen Zeit, bis sie sich ganz sicher sind, dass sie ihr Kind selbstständig »laufen lassen« können und es die Verantwortung für sich selbst übernehmen kann.

Wann, wie lange und wie intensiv soll man nun aneinander hängen? Aus dieser Frage kann möglicherweise ein langes Tauziehen und Hin- und Herzerren werden. Kinder und Jugendliche brauchen ihre Eltern oft länger und stärker, als sie es zugeben wollen. Es bleibt ein großes Bedürfnis nach Schutz, Geborgenheit und Anlehnung. Die Eltern und die Familie sind wichtig, wenn es darum geht, Krisen zu überstehen: erste Liebesenttäuschungen zu betrauern und zu überwinden, schlechte Schulnoten zu bewältigen oder Streit mit Freunden zu überstehen. Du hast wahrscheinlich oft das Gefühl, deine Eltern würden sich in alles einmischen und dich wie ein kleines Kind behandeln. Ihre Meinungen findest du vielleicht manchmal dumm und du ärgerst dich darüber. So verkehrt sind ihre Ansichten jedoch oft gar nicht. In vielen Dingen haben sie den besseren

Überblick und auf alle Fälle mehr Erfahrung. Sicher wirst du das irgendwann auch so sehen können.

Eltern sind ein sicherer Ort, an den Kinder von ihren Ausflügen in die »große, weite Welt« zurückkehren können. Der Freiraum muss jedoch so groß sein, dass Kinder ihre Erfahrungen sammeln können – auch außerhalb dessen, was in der Familie als normal und üblich gilt. Und manchmal eben auch außerhalb dessen, was deine Eltern gut finden und billigen (würden, wenn sie es wüssten …).

Eltern müssen sich darauf einstellen, diese Berg- und Talfahrt ihrer Kinder mitzumachen, ohne selbst seekrank zu werden. Sie müssen es außerdem ertragen lernen, dass ihre Kinder sie manchmal für höchst überflüssig halten. Das macht es auch für sie nicht gerade einfach.

Sind Eltern andererseits zu stark mit sich selbst beschäftigt – etwa mit Eheproblemen oder Geldsorgen –, werden sie manchmal wenig Zeit, Verständnis oder sogar wenig Interesse für die Probleme ihrer Kinder aufbringen können. Das kann sehr kränkend sein, das Selbstbewusstsein anknacksen oder Wut und Aggression hervorrufen. Manche jungen Menschen haben leider Eltern, die selbst nicht ganz einfach sind.

Es kann sein, dass du der vielen Reibereien mit ihnen irgendwann überdrüssig bist und so schnell wie möglich aus dem Haus möchtest. Wahrscheinlich wird das jedoch nicht so schnell gehen. Du musst ohnehin auf deinem Weg ins Erwachsenenleben lernen, mit völlig unterschiedlichen Menschen auszukommen – auch mit solchen, die du nicht besonders gut leiden kannst. Wenn du mit deinen Eltern überhaupt nicht klarkommst, solltest du versuchen, mit anderen Erwachsenen zu sprechen – etwa mit älteren Verwandten, Oma und Opa etwa, einem Lehrer, einer Lehrerin, einer Nachbarin oder den Eltern eines Freundes oder einer Freundin. Es können auch Angehörige einer Beratungsstelle sein. Du erhältst von ihnen kostenlos Rat und Hilfe. Außerdem haben sie sich zum Stillschweigen verpflichtet.

Du musst dir jedoch klar machen, dass mit einem Auszug von zu Hause deine Probleme wahrscheinlich nicht gelöst sein werden. Denn solange du einen festen Rahmen und feste Spielregeln hast, mögen sie dir noch so lästig sein, wirst du Schule oder Lehre besser bewältigen können. Wenn du auf eigenen Füßen stehst, musst du für dich selbst sorgen, für deinen Tagesablauf, deine Kleidung, deine

Sauberkeit, dein Essen, dein Geld, deine Ferien. Du solltest dir genau überlegen, ob du für so eine gewaltige Umstellung wirklich schon kräftig genug bist. Wenn du nicht mehr so viele Herausforderungen auf einmal zu meistern hast, wird dir der Schritt in die Unabhängigkeit sicher leichter fallen.

Warum wollen meine Eltern sich trennen?

Eine glückliche, harmonische Familie, die gemeinsam durch dick und dünn geht, wünschen sich die meisten Menschen – Erwachsene ebenso wie Kinder. Leider kommt es häufiger vor, dass es im häuslichen Zusammenleben der Eltern zeitweilig oder dauerhaft ernste Probleme gibt. So genannte Scheidungsfamilien sind heute an der Tagesordnung. Inzwischen werden jedes Jahr allein in der Bundesrepublik Deutschland mehr als 200 000 Ehen geschieden. Davon sind jeweils mehr als 150 000 Scheidungswaisen betroffen.

Familien, die auseinander gerissen und neu mit anderen »Restfamilien« zusammengewürfelt wurden, sind keine Seltenheit. Man nennt es »Patchwork-Familie«, wenn sich zwei geschiedene Partner mit Kindern zusammentun. Das bringt für die Kinder natürlich ganz besondere Probleme mit sich, denn sie müssen sich ja nicht nur an Stiefvater oder Stiefmutter gewöhnen, sondern oft auch an Geschwister, die nicht mit ihnen verwandt sind.

Dass ein Paar irgendwann feststellt, dass es nicht mehr zusammenpasst, gilt heute nicht mehr als unnormal. Nie ist daran nur einer schuld. Manchmal haben sich die Lebensumstände verändert, manchmal haben sich beide Partner auseinander entwickelt und sie haben unterschiedliche Vorstellungen von ihrer Zukunft. Paare, die zu jung und zu früh geheiratet haben – vielleicht auch weil du schon unterwegs warst , stellen fest, dass sie gar nicht wirklich miteinander harmonieren. Fast immer haben beide Seiten Anteil daran, wenn eine Beziehung auseinander geht. Von Schuld sollte man möglichst sowieso nicht sprechen. Das wirst du selbst feststellen, wenn du dich einmal mit einer Freundin oder einem Freund »auseinander lebst«.

Menschen sind unterschiedlich und müssen immer wieder versuchen, sich anderen verständlich zu machen. Das ist normalerweise spannend, kann bei manchen Menschen eben aber auch »danebengehen«. Wenngleich eine Scheidung etwas ist, was zunächst die Eltern betrifft, so ist sie doch für die Kinder eine der schwersten Erschütterungen und Belastungen. Das liegt unter anderem daran, dass der Trennung eine Zeit vorausgeht, in der sich Spannungen, wahrscheinlich Streit und Hass durch den Alltag ziehen und die allen Beteiligten schwer an den Nerven zehrt. Auch für die Kinder ist es überhaupt nicht gut, wenn die Eltern nie zärtlich miteinander sind, sich nie liebevoll berühren und vielleicht nicht im selben Zimmer schlafen. Die Ungewissheit, ob die Eltern nun auseinander gehen oder nicht, ist für Kinder schwer zu ertragen.

Für Kinder ist die Scheidung der Eltern eine der denkbar schwersten Erschütterungen und Belastungen. Fast jedes Kind wird durch die Trennung der Eltern in eine Identitätskrise gestürzt. Denn der momentane Hass des einen auf den anderen – und umgekehrt – betrifft ja immer auch einen Teil des Kindes, das halb Mutter und halb Vater ist. Manche Eltern neigen dazu, ihre Kinder als Waffe gegen den Partner zu missbrauchen, den anderen unter Druck zu setzen oder beide gegeneinander auszuspielen.

Früher blieben Eltern oft der Kinder wegen zusammen. Das bedeutet aber, dass das unerträgliche Klima sich über Jahre hinweg fortsetzen und sogar unaufhörlich steigern kann. Inzwischen ist man zu der Ansicht gelangt, dass es besser ist, die beiden »Kampfhähne« zu trennen, damit endlich wieder Ruhe einkehren kann. Kinder und Jugendliche sagen häufig, dass es für sie letztendlich eine Erleichterung war.

Je kleiner ein Kind ist, umso eher hat es das Gefühl, es wäre in irgendeiner Weise mitschuldig an der Trennung seiner Eltern. Das stimmt natürlich nicht, kein Kind kann etwas für den Streit zu Hause. Wenn sich die Eltern scheiden lassen, bedeutet das nicht, dass sie ihre Kinder nicht mehr lieb haben und nichts mehr von ihnen wissen wollen. Das gilt auch für den Elternteil, der die Familie verlässt. Fast alle Kinder reagieren verletzt oder wütend auf ihn, fühlen sich allein gelassen. Manchmal weigern sie sich, dann Vater oder Mutter zu sehen. Man kann aber sicher sein, dass es dem Weggehenden genauso schwer fällt. Selbst wenn der andere Elternteil das Gegenteil behauptet. Ganz wichtig ist es, sich vor Augen zu halten, dass man seine Eltern ja nicht wirklich durch eine Scheidung verliert. Es handelt sich im Endeffekt doch meist nur um eine zeitliche und räumliche Trennung von Vater oder Mutter.

Wenn Eltern auseinander gehen, gilt es oft vor allem für Jugendliche, zu entscheiden, bei wem sie künftig wohnen wollen. Oft haben sie Angst davor, bei dem Elternteil leben zu müssen, den sie weniger gerne mögen oder bei dem es unbequemer ist für sie. Das ist völlig normal. Es gibt eine Menge wichtiger Gründe für die Entscheidung für die eine oder andere Seite. Bei den Fragen, wer von den Eltern das Sorgerecht bekommt und wo das Kind leben möchte, haben Jugendliche ab 14 Jahren ein Mitspracherecht. Die Familienrichter berücksichtigen das bei ihrer Entscheidung. Sehr oft wird den Eltern heute gemeinsam das Sorgerecht eingeräumt. Im Gegensatz zu früher können Jugendliche ab 14 Jahren nicht mehr gezwungen werden, den getrennt lebenden Elternteil zu besuchen. Im Streitfall wird die Frage um das Sorgerecht vom Gericht entschieden.

Scheidungswaisen müssen meist schneller erwachsen und selbstständiger werden als andere Kinder. Sie müssen häufig sehr viel mehr Verantwortung übernehmen, weil der häusliche Alltag umorganisiert werden muss. Meist ist mit der Trennung der Eltern auch ein Orts- oder Schulwechsel verbunden. Kinder haben auf alle Fälle ein Mitspracherecht, denn schließlich geht es ja auch um ihre Zukunft. Wenn die Eltern davon nichts hören wollen, ist es sinnvoll, außen stehende Erwachsene um Rat zu fragen. Ansprechpartner findet man beispielsweise beim Jugendamt, das wird sowieso informiert, wenn über Kinder gestritten wird. Möglich ist auch, dass der Richter dich selbst dazu befragen will. Dazu kann er auch überraschend zu euch nach Hause kommen.

Es tut gut, sich mit Freunden und Freundinnen auszusprechen. Wahrscheinlich sind unter ihnen einige, deren Eltern sich ebenfalls getrennt haben und die diese Situation ganz gut überstanden haben. Wer bereits eine Liebesbeziehung hat, kann seinen Kummer besonders gut loswerden. Da mit dem Auseinanderbrechen der Familie für eine Weile Sicherheit und Geborgenheit verloren gehen, schafft man sich auf diese Weise eine Ersatzfamilie, bis zu Hause wieder alles in Ordnung ist. Diese Ersatzfamilie wird mit der Zeit ja ohnehin immer wichtiger.

Das schlimmste Ereignis ist jedoch wohl, wenn ein Elternteil stirbt. Gleichgültig, ob dem Tod eine lange Krankheit vorausging oder ob er plötzlich über einen hereinbricht, es ist nur schwer zu fassen. Die Endgültigkeit des Todes – die Tatsache, dass Vater oder

Mutter nie, nie wieder da sein werden – zu verkraften, ist überaus schwer. Die restlichen Familienmitglieder rücken dann meist besonders stark zusammen. Das ist gut, weil die körperliche Nähe und Wärme von anderen Menschen besonders tröstlich sind. Sie sprechen dann von dem toten Menschen, der ja im Geiste immer noch da ist. Zusammen zu weinen und zu trauern ist meist eine große Erleichterung. Geteiltes Leid ist in solchen Trauerfällen tatsächlich halbes Leid. Besonders schwer ist es, wenn der übrig gebliebene Elternteil so in seinem Schmerz versinkt, dass das Kind völlig auf sich allein gestellt ist und mit allem allein fertig werden muss.

Eine Halbwaise muss nach dem Tod von Vater oder Mutter in aller Regel zu Hause mehr Verantwortung und Pflichten übernehmen. Entweder gibt es kleinere Geschwister, die versorgt werden müssen, oder der hinterbliebene Elternteil braucht besonders viel Unterstützung und Beistand. Aktivität und Hilfe für andere kann ebenfalls über den Schmerz hinweghelfen.

Warum mögen meine Eltern meine Freunde nicht?

Die Freunde oder der Freundeskreis sind nicht selten Anlass für einen heftigen Streit zwischen Eltern und Kindern. Den Eltern sind die Freunde oft nicht »gut« genug oder sie mögen sie einfach nicht. Sie können Angst haben, dass die Freunde das Kind in etwas hineinziehen, was den Eltern nicht passt oder sogar gefährlich sein könnte. Vielleicht verbieten sie daher den Umgang mit bestimmten Leuten. Das führt nicht selten dazu, dass Jugendliche eine Art Doppelleben führen. Es ist aber nicht so, dass ihnen das sehr leicht fällt. Die meisten plagen sich mit Schuldgefühlen und schlechtem Gewissen herum, wenn sie heimlich etwas tun, was die Eltern nicht wollen und deshalb nicht wissen dürfen.

Jeder Jugendliche hat Vorstellungen, die anders sind als die der Eltern und die er möglichst auch ausleben möchte. Doch junge Menschen sind oft nicht vorsichtig genug, wenn sie ihre Erfahrungen sammeln. Es ist sehr schwierig für Eltern, zu erkennen, wann sie eingreifen sollen und müssen, wann nicht und wann ihre Kinder wirklich Hilfe brauchen. Sie werden jetzt von vielen Fragen gequält: »Können wir unsere Tochter allein mit der Freundin in die Ferien schicken? Wann wollen wir sie abends wie lange fortlassen? Wie zuverlässig ist ihre eigene Wahrnehmung? Wie gut kann sie beurteilen, ob eine Situation für sie gefährlich ist oder nicht? Wie sicher unterscheidet sie zwischen guten und schlechten Freunden? Wie kann sie sich vor Drogen schützen?« – Das müssen deine Eltern richtig einschätzen können, bevor sie dich guten Gewissens in die Welt entlassen. Dafür solltest du Verständnis haben. Denn schließlich geht es ja dabei um dich.

Ein nahe liegender Grund für Unstimmigkeiten über Freunde ist, dass Eltern sich zeitweise mit ihrer eigenen Eifersucht herumquälen. Denn bislang waren sie schließlich die wichtigsten Menschen im Leben ihrer Kinder und nun ist das plötzlich ganz anders. Die meisten Heranwachsenden haben nämlich schnell keine Lust mehr, so viel wie früher mit der Familie zu machen. Sie genügt ihnen einfach nicht mehr. Sie möchten allein sein oder mit Freunden etwas unternehmen, von denen sie sich besser verstanden fühlen. Sie wollen neue Dinge und neue Menschen kennen lernen oder aber einfach unter sich sein. Sie wollen Meinungen austauschen über Musik, Filme, Kleidung, Frisuren, Vorstellungen, Interessen und Ideale.

Am Anfang wirst du sehr viel mit deiner besten Freundin zusammen sein. Mit der Zeit wird sich dann um euch wahrscheinlich eine Clique bilden, mit der ihr viel zusammen machen wollt.

Viele Dinge machen mehr Spaß, wenn man sie mit anderen gemeinsam macht. Das geht deinen Eltern nicht anders. Vielleicht kannst du sie dazu bewegen, sich deine Freunde mal anzuschauen. Sicher haben sie ein Interesse daran, deine Freundin und deine Freunde kennen zu lernen. Wenn diese dich zu Hause besuchen, können sich deine Eltern selbst davon überzeugen, dass alles in Ordnung ist mit euch.

Es ist wichtig, dass du dir einen Weg zu deinen Eltern offen hältst. Versuche ihnen so wenig wie möglich zu verschweigen. Möglicherweise sind sie sehr viel verständnisvoller, wenn du versuchst, ihnen – so gut es geht – alles zu erzählen. Vielleicht wollen sie dir gerne etwas von sich selbst erzählen. Wenn sie sehr uneinsichtig sind, musst du diplomatisch sein. Du solltest mit ihnen über Themen reden, die euch alle interessieren. Du kannst davon ausgehen, dass sie sich mit dir verstehen, dir helfen wollen. Und: Sie möchten von dir geliebt werden. Eltern sind schließlich auch nur Menschen!

Warum ist mir meine Mutter auf einmal peinlich?

Mädchen machen sich oft Gedanken über die Beziehungen zu anderen Menschen. Das gilt auch für ihre Beziehung zur Mutter. Mädchen haben es mit ihr in der Pubertät aber oft schwerer als Jungen. Von ihnen erwartet nun jedermann, dass sie sich abnabeln und sich draußen in der Welt »austoben«, sich die Hörner abstoßen. Während Jungen in ihrem Vater jetzt einen Verbündeten oder einen gleichberechtigten »Kampfpartner« finden, den sie praktisch neu kennen lernen – vor allem, wenn er viel weg war –, müssen sich Mädchen von der allgegenwärtigen Mutter abgrenzen. Sie müssen ihren eigenen Wert als Frau finden. Außerdem beginnen sie nun unbewusst um die Liebe des Vaters zu konkurrieren. Deshalb gibt es zwischen Mutter und Tochter in dieser Zeit manchmal heftige Auseinandersetzungen und Meinungsverschiedenheiten.

Manche Mütter versuchen das zu überbrücken, indem sie sich auf eine Stufe stellen mit ihrer Tochter, ihre beste Freundin sein wollen. Während die Tochter eine mütterliche Frau zur Mutter möchte, versucht die Mutter manchmal sich modisch aufzudonnern, um mit der Tochter Schritt zu halten. Sie sehnt sich nach einer besonders engen Beziehung zu ihrer Tochter. Die Mutter erwartet beispielsweise automatisch, dass die Tochter in ihre Fußstapfen tritt, dass sie selbstverständlich und gerne in familiäre Pflichten und den Haushalt hineinwächst. Sie freut sich darauf, nun ihre Interessen und Sorgen mit der Tochter teilen zu können. Das macht es der Tochter aber nicht unbedingt leichter, ihren eigenen Weg zu finden. Sie will, dass sich eine Mutter wie eine Mutter benimmt und auch so aussieht. In der Pubertät wird die Mutter vom Thron der »schönsten, besten, liebsten und klügsten Mutter des Jahrhunderts« gestoßen, ganz gleich, wie sie sich verhält. Das geschieht einerseits vor der bangen Frage des Mädchens: »Werde ich genauso werden wie sie?«

Andererseits wird an der Mutter der ganze Druck ausgelassen, den die Pubertät und die Anstrengungen in der Schule mit sich bringen. Die Tochter nörgelt nun an allem herum, was die Mutter betrifft: an ihrer Frisur, ihrer Kleidung, ihrer Figur, ihrem peinlichen Verhalten, ihrem Essen und möglicherweise sogar ihrem Männergeschmack – selbst wenn es um den eigenen Vater geht. Töchter haben manchmal das Empfinden, dass ihre Mutter sie vor den Freunden schrecklich blamiert. Dabei versucht sie wahrscheinlich nur, auf eine Art und Weise um die Liebe der Tochter zu kämpfen, die der Tochter peinlich ist.

Wenn ein Mädchen in der Pubertät spürt, dass seine Mutter mit der Entwicklung ihrer Tochter nicht Schritt hält und sie noch immer als »Kind« ansieht, wird das Mädchen die Flucht ergreifen. Es möchte und muss sich aus der engen Verbindung mit der Mutter lösen, um eine eigenständige Person zu werden.

Dennoch musst du lernen, dass deine Mutter Gefühle hat und von dir gekränkt werden kann. Es tut euch beiden nicht gut, gegenseitig auf euren Gefühlen herumzutrampeln. Du solltest ihr klar machen, dass es nicht persönlich gemeint ist, dass du aber viele Dinge anders siehst und anders machen wirst als sie. Es ist dein gutes Recht, anderer Meinung zu sein. Auf der anderen Seite hat deine Mutter in vielen Dingen mehr Erfahrung, du wirst ihren Rat manchmal gerne annehmen wollen. Deswegen ist es wichtig, dass ihr euch nicht in eine ausweglose Situation hineinmanövriert. Wenn ihr Geduld habt, werdet ihr irgendwann wieder Spaß aneinander haben.

Wie wichtig ist eine gute Freundin?

Die beste Freundin spielt meist eine große Rolle im Leben von Mädchen. Die Freundschaften, die in der Jugend geschlossen werden, halten nicht selten ein Leben lang. Sie können große Geborgenheit bieten und durch manche Untiefen des Erwachsenwerdens hindurchhelfen. Mädchen legen bei ihren engsten Beziehungen zu anderen Mädchen Wert auf Achtsamkeit, Verlässlichkeit, Zärtlichkeit, Freude und Solidarität.

Freundschaft bedeutet echte Zuwendung und Unterstützung in allen Lebenslagen. Bei der besten Freundin kann man sich geben, wie man ist, muss sich nicht verstellen. Kritik wird offen ausgesprochen, Konflikte werden ausgetragen. Beide wachsen miteinander und aneinander. Die eine gönnt der anderen das, was sie selbst nicht hat. Selbst wenn sie zurücktreten muss, wenn die Freundin eine Liebe erlebt, bei der sie selbst für eine Weile nicht mehr gefragt ist. Es tut gut, Ärger loswerden zu können, ohne gleich um die Freundschaft fürchten zu müssen. Menschen, die Konflikte miteinander austragen und sich wieder versöhnen können, stehen sich oft dadurch sehr nahe. Wenn du dich auf die seelische Unterstützung einer Freundin verlassen kannst, dann wird vieles leichter. Gute Freunde können einander Selbstvertrauen und in schwierigen Zeiten Halt geben. Immer wieder hört man, wie wichtig die Freundin für Mädchen und Frauen ist: »Ohne meine Freundin hätte ich das nicht durchgestanden!« Schmerzliche Verluste bei Trennungen, schwierige Entscheidungen, Probleme mit den Eltern oder dem Freund werden gemeinsam bewältigt. Wem eine solche gute Freundin fehlt, dem fehlt eine wichtige Quelle der Kraft und der Freude. Also schau dich ruhig um, wo du eine verwandte Seele findest, mit der du eine so schöne und tragende Beziehung aufbauen kannst.

Wenn du nicht weißt, wo du eine Freundin finden kannst, versuchst du es am besten mit Veranstaltungen, in Sportvereinen oder Gruppen, die sich mit irgendetwas befassen, was dir besonderen Spaß macht. Scheue dich nicht, auf andere zuzugehen. Manchmal sind andere nur schüchtern, selbst wenn man es ihnen nicht anmerkt. Jemand kennen zu lernen ist gar nicht so schwer, wenn du aufgeschlossen und kein Ekelpaket bist.

Warum kommandieren mich alle herum?

Junge Menschen haben den Drang, sich gegen die von den Eltern auferlegten Zwänge aufzulehnen. Sie rebellieren gegen alles, gegen berechtigte und unberechtigte Vorgaben. Vorschriften im Elternhaus kommen ihnen ebenso »blöd« vor wie die in der Schule. Auch gewisse gesellschaftliche Spielregeln empfinden sie als Zumutung. Jeder Mensch erlebt in seiner Entwicklung eine solche Phase der Auflehnung gegen die Welt und die Werte der Erwachsenen. Sie dient dazu, sich eine eigene Meinung zu bilden. Nach einer Weile sieht man alles nicht mehr so extrem und ist auch bereit, Zugeständnisse zu machen.

Manche Eltern reagieren etwas angestrengt aus der Sorge heraus, ihr Kind könnte etwas Falsches tun und sich selbst gefährden. Einige wollen tatsächlich nur auf ihrem Recht beharren. Andere sind wirklich etwas rückständig oder gar spießbürgerlich, gerade in Geschmackssachen. Doch die meisten Eltern sind heute eigentlich ganz aufgeschlossen.

Viele Jugendliche haben trotzdem das Gefühl, dass sich ihre Eltern in alles einmischen, sie immer herumkommandieren und ständig wohlmeinende, aber unerwünschte Ratschläge von sich geben. Selbst fortschrittliche Eltern werden ihr Recht auf Einspruch nicht so schnell aufgeben. Das ist zunächst einmal ja reine Gewöhnungssache. Verbote und Auseinandersetzungen kommen in jeder Familie vor. Die Streitpunkte sind in fast allen Familien und zu allen Zeiten die gleichen: Schule, Hausaufgaben, abendliche Ausgangszeiten, Mithilfe im Haushalt, Taschengeld, Freunde, Bekannte, Kleidung, Frisur, Haarfarbe, Körperschmuck, Drogen, Musik, Geschmack, erste Liebe, Sex.

Willst du die Unterstützung deiner Eltern gewinnen, solltest du sie fragen, wie es denn bei ihnen früher war: Was durften sie? Was nicht? Wie lange durften sie abends weg? Hatten sie nie Schulprobleme? Wie alt waren sie, als sie sich zum ersten Mal verliebt haben? Wie alt waren sie, als sie zum ersten Mal mit jemandem geschlafen haben? Wenn sie dir diese Fragen ehrlich beantworten, werden sie nämlich zugeben müssen, dass vieles bei ihnen ähnlich war, aber auch, dass du in einer Zeit groß wirst, in der sich manches geändert hat.

Versuche ihre Ansichten vor dem Hintergrund ihrer Lebensgeschichte zu verstehen. Du wirst sehen, dass du dann viel besser und diplomatischer mit ihnen diskutieren kannst. Umso eher wird es dir gelingen, allzu starre Vorschriften langsam aufzuweichen. Wenn sie deine Freundinnen kennen lernen und wissen, was die dürfen, könnte dir das nützlich sein. Wenn du mit zunehmender Selbständigkeit in der Familie Pflichten übernimmst und deinen Eltern zeigst, wie verantwortungsvoll und zuverlässig du bist, werden sie sich mit deinen Ausflügen in die große, weite Welt besser anfreunden können. Am Ende werden sie stolz auf dich sein.

Mädchen haben meist größere Probleme mit ihren Eltern als Jungen, wenn es darum geht, abends länger ausgehen, woanders übernachten und allein wegfahren zu dürfen. Da es in der Tat für Mädchen gefährlicher sein kann, sich draußen unbeschwert zu bewegen, ist diese beschützende Haltung zum Teil sehr berechtigt. Natürlich darf das dennoch nicht dazu führen, dass ein Mädchen daran gehindert wird, seine Erfahrung in der Welt zu sammeln. Du solltest deinen Eltern möglichst immer sagen, wo du hingehst, am besten für abends noch eine Telefonnummer hinterlassen. Heimkommen solltest du wirklich zur verabredeten Zeit, damit sie wissen, dass sie sich auf dich verlassen können. Mit der Zeit kannst du dann die Ausgehzeiten sicher langsam verschieben.

Mit deinen Geschwistern wirst du jetzt wahrscheinlich gelegentlich auch etwas »Stress« haben. Dennoch sind sie die Menschen, die dir mit am nächsten stehen und später noch sehr wichtig für dich sein werden. Vielleicht befinden sie sich gerade ebenfalls in einer schwierigen Lebensphase. Wahrscheinlicher ist es aber, dass du jetzt selbst gelegentlich eine echte Zumutung für sie bist. Wenn du das Gefühl hast, deiner Schwester oder deinem Bruder mal zu Unrecht auf die Füße getreten zu sein, solltest du dich entschuldigen. Dadurch vergibst du dir nichts und schaffst die Möglichkeit, wieder freundschaftlich miteinander auszukommen. Vielleicht könnt ihr euch gemeinsam bei den Eltern einsetzen, dass sie strenge Vorschriften lockern.

weiblich

— **Warum wird die Sexualität auf einmal so wichtig?**
Sie ist schon von Geburt an da, doch erst wenn Geschlechtshormone gebildet werden, macht sie sich richtig bemerkbar.

— **Woran merke ich, dass die Pubertät angefangen hat?**
Deine Brüste und Schamhaare beginnen zu wachsen.

— **Warum sehen Mädchen in der Kindheit »nach nichts« aus?**
Weil ihre Brüste erst in der Pubertät wachsen und der Kitzler gut geschützt, aber fast versteckt zwischen den Schamlippen sitzt.

— **Wann setzt die erste Regel ein?**
Zwischen dem 9. und dem 15. Lebensjahr. Das ist von Mädchen zu Mädchen ganz verschieden.

— **Wie heißen die wichtigsten Geschlechtshormone der Frau?**
Östrogen und Progesteron.

— **Warum bin ich jetzt mal gut, mal schlecht drauf?**
Das liegt unter anderem daran, dass dein Körper jetzt Hormone bildet, die Mengen sich aber noch nicht eingependelt haben.

— **Was ist ein Eisprung?**
So wird der Moment im Monatszyklus genannt, in dem die kleine Eizelle vom Eierstock in den Eileiter »hüpft«.

— **Wozu ist die Gebärmutter da?**
Ist eine Eizelle befruchtet worden, nistet sich das werdende Baby in diesem Organ bis zur Geburt ein.

— **Muss die Regel regelmäßig sein?**
Nein, muss sie nicht. Jede Frau hat ihren persönlichen Rhythmus!

— **Was ist bei Jungen in der Pubertät anders als bei Mädchen?**
Sie kommen etwa anderthalb Jahre später in die Pubertät und stehen von Anfang an unter größerem sexuellem Druck.

Wieso hört man überhaupt plötzlich auf, Kind zu sein?

Wir kommen schon als geschlechtliche Wesen auf die Welt. Ein Mädchen als Mädchen, ein Junge als Junge. Doch anfangs ist uns das gar nicht so bewusst, wir haben kein Gefühl dafür. Wie der Mensch nicht von Geburt an laufen oder sprechen kann, entwickelt sich die Sexualität ganz allmählich. Das geht über mehrere Stufen, die ineinander überfließen. Jeder Mensch hat dabei sein eigenes Entwicklungstempo. Bei dem einen Kind beginnt eine Etappe früher, bei einem anderen später.

Es wurde schon viel darüber nachgedacht, wann ein Mensch anfängt, sexuelle Gefühie zu haben. Manche Erwachsene glauben, es ginge alles erst mit der Pubertät los. Das stimmt insofern, als die sexuelle Entwicklung dann erst richtig in Gang kommt. Doch schon Säuglinge wissen beispielsweise, was ihnen angenehm oder unangenehm ist, welche Berührungen oder Menschen sie besonders mögen. Als besonders lustvoll erleben sie in den ersten Lebensmonaten etwa Saugen und Lutschen. Das gilt ganz besonders für das Stillen, aber ebenso für vieles andere. Deswegen stopfen sie sich gerne Dinge in den Mund und lutschen daran – den eigenen Finger, den Schnuller oder einen Zipfel der Bettdecke. Dabei finden sie Befriedigung und fühlen sich geborgen.

Für Kinder ist es lebenswichtig, von Vater und Mutter berührt und liebevoll gestreichelt zu werden. Durch das zärtliche Streicheln lernt ein Kind, dass es einen Körper hat. Es beginnt, den eigenen Körper zu berühren und zu erforschen. Schon auf dem Wickeltisch begreift es seinen Körper und macht logischerweise vor seinen Geschlechtsteilen nicht Halt. Ein kleines Mädchen erfährt seine Scheide und seinen Kitzler, ein Junge sein Glied als normalen Teil seines Körpers wie Nase oder Ohren. Glied und Kitzler können sich dabei versteifen. Das hat jedoch noch nichts mit bewusster Erfahrung zu tun.

Erwachsenen kann das peinlich sein, weil für sie das Berühren der Geschlechtsteile inzwischen eine sexuelle Bedeutung hat oder weil manch einer Scheide und Glied deswegen für einen Tabubereich hält. Das kann dazu führen, dass sie oft nicht einmal in der Erziehung ihrer Kinder die Geschlechtsteile beim Namen nennen: Die Worte Glied, Scheide oder Kitzler kommen ihnen nur schwer über die Lippen. Möglicherweise war das bei dir ähnlich und deine Geschlechtsorgane sind dir daher heute erst einmal fremd.

Mädchen sind da sowieso meist im Nachteil: Dass ein Junge ein Junge ist, bleibt von Anfang an nicht verborgen, da Glied und Hoden von Geburt an sichtbar sind. Deshalb ist es für Jungen wohl leichter, sich mit ihrem Geschlecht zu identifizieren und sich gleich als »kleine Männer« zu fühlen. Viele Mädchen entwickeln meist erst in der Pubertät ein Gefühl für ihre Weiblichkeit, wenn sie einen Busen bekommen. Doch bis auf die Brust ist schon alles da: Scheide, Kitzler, Schamlippen und die Geschlechtsorgane im Inneren des Bauches.

Etwa vom dritten bis vierten Lebensjahr an entwickeln Kinder ein Bewusstsein für das eigene Geschlecht. Von da an beginnen sie Erlebnisse zu haben, bei denen sie sich als Mädchen oder als Junge fühlen. Sie sind beispielsweise neugierig darauf, wie die Geschlechtsteile und der Po von anderen Kindern aussehen, und sie wollen ihren Körper anderen zeigen. Deswegen spielen Kinder in diesem Alter so gerne »Doktor«. Das Wettpinkeln bei Jungen und das Aussprechen »schmutziger Wörter« gehört zu dieser sexuellen Entwicklungszeit. Vielen Kindern macht es von diesem Alter an auch schon Spaß, an ihren Geschlechtsorganen zu reiben. Dadurch kann in manchen Fällen schon mal ein Orgasmus ausgelöst werden. Das ist eine völlig normale Körperreaktion.

Die Geschlechtsorgane selbst befinden sich in dieser Zeit noch in einer Art Ruhephase. Dennoch kommen Mädchen und Jungen schon mit allen Geschlechtsanlagen auf die Welt. Deine Geschlechtsorgane waren bei deiner Geburt schon richtig ausgebildet: die beiden Eierstöcke, zwei Eileiter, die Gebärmutter, die Scheide und der Kitzler. Sie befinden sich in deinem Unterleib unterhalb des Bauchnabels. In der Mitte liegt die Gebärmutter, die die Form einer winzigen Birne hat. Oben am dicken Ende dieser Birne windet sich auf jeder Seite jeweils ein winziger Eileiter zum Eierstock hin.

Von der Gebärmutter aus führt die Scheide nach unten aus dem Körper hinaus. Der Scheideneingang ist – neben dem der Harnröhrenöffnung – eingebettet in die kleinen und die großen Schamlippen. Sie sehen aus wie ein kleiner Schiffsbug, der an der Scham endet. Ganz geschützt im vorderen Teil ist der Kitzler verborgen, das sexuell empfindsamste Organ der Frau. Dieses sind die Geschlechtsteile, die äußerlich zu sehen sind. Wenn du magst, schau sie dir einmal im Spiegel an.

Die Eierstöcke sind die eigentlichen Geschlechtsdrüsen. In ihnen reifen von der Pubertät an die kleinen Eizellen heran, aus denen später zusammen mit dem Samen eines Mannes ein Baby wachsen kann. Ein Mädchen kommt mit etwa 400 000 solcher Eianlagen auf die Welt. Von der Pubertät an reift in jedem Monatszyklus eine Eizelle heran.

Etwa vom siebenten Lebensjahr an nehmen die Geschlechtsorgane ihre Arbeit auf. Es werden dann Hormone gebildet, die dafür verantwortlich sind, dass sich der Körper langsam verändert. Wodurch das ausgelöst wird, weiß man noch nicht so genau. Man nimmt an, dass der Teil des Gehirns, der die Hormonbildung steuert, den Geschlechtsorganen befiehlt ihre Hormone zu bilden, sobald ein Kind ein bestimmtes Wachstumsstadium erreicht hat.

Hormone sind Stoffe, die der Körper in Drüsen bildet und mit denen er viele seiner Abläufe steuert. Zum Beispiel kontrolliert er damit das Wachstum, die Stimmung, die Fortpflanzung, die Sexualität oder bestimmte Krankheiten. Eine der bekanntesten Hormonauswirkungen ist die Reaktion des Menschen, wenn er sich in einer akuten Gefahr befindet. Der Organismus reagiert darauf, indem er bestimmte Hormone ausschüttet. Sie bereiten den Körper darauf vor, in dieser Bedrohung den Kampf aufzunehmen oder aus der Situation zu flüchten. Das ist einer unserer wichtigsten Überlebensmechanismen. Heute macht uns dieses Relikt aus entwicklungsgeschichtlich alten Tagen zu schaffen, wenn wir unter Stress stehen – aber weder kämpfen noch weglaufen können.

Die Hormone, mit denen der Körper Sexualität und Fruchtbarkeit steuert, gehören zu den wichtigsten des Menschen. Sie sind gewissermaßen auch der Taktgeber für die Pubertät.

Woran merke ich, dass ich in der Pubertät bin?

Zunächst einmal wirst du gar nichts bemerken, denn was zuerst passiert, spielt sich im Inneren deines Körpers ab: Die Geschlechtsreife wird eben vom Gehirn »in Auftrag gegeben«. Das Zwischenhirn, das dafür zuständig ist, veranlasst bei einer bestimmten Wachstumsreife die Hirnanhangdrüse, erstmals Hormone auszuschütten und diese über das Blut an deine Eierstöcke zu schicken. Die Eierstöcke bilden nun auch ein Hormon, das Östrogen. Es sorgt für die ersten spürbaren Veränderungen in deinem Körper.

Zunächst wirst du feststellen, dass sich die ersten Schamhärchen zu kräuseln beginnen und deine Brustwarzen allmählich etwas hervorschauen und dass sich das Gewebe darunter allmählich aufpolstert. Die Brust ist nämlich das Organ, das noch vor allen anderen auf die Hormone reagiert. Bei den meisten Mädchen wird das etwa um das 11. Lebensjahr herum sichtbar. Dann dauert es noch etwa zwei Jahre, bis du mit deiner ersten Regel rechnen kannst. Sie macht sich meist schon eine Weile vorher mit einem leichten Ausfluss aus der Scheide bemerkbar. Er ist glasig-weißlich und überhaupt kein Grund zur Beunruhigung. Damit bereitet sich dein Körper darauf vor, dass du einmal Kinder bekommen kannst. Deine inneren Geschlechtsorgane werden nun größer. Auch an den Achseln sprießen feine Härchen.

Du wirst merken, dass deine Stimmung leichter schwankt als früher. Das liegt zu einem Teil an den Hormonen, die dein Körper nun vermehrt bildet. Du bist manchmal besonders gut gelaunt und voller Tatendrang, dann hast du wieder Tage, an denen du wahrscheinlich alles ganz sinnlos findest. Vielleicht beginnst du, dich in deinem Körper nicht mehr so richtig wohl zu fühlen. Dein Gesicht bekommt andere Züge. Die Haut wird oft unrein, die Haare sind fettiger und hängen oft lustlos und strähnig herunter.

Viele Heranwachsende fühlen sich in dieser Zeit irgendwie unharmonisch. Das ist ganz logisch zu erklären: In der Pubertät erlebt ein Mensch den auffälligsten Wachstumsschub. Die Hüften werden breiter, die Wirbelsäule schießt in die Höhe, Arme und Beine werden länger. Alles wächst jedoch unterschiedlich schnell. Deswegen zieht es manchmal in Knochen und Muskeln. Und du fühlst dich vielleicht ungelenk und staksig, bis die Körperform wieder einigermaßen ausgeglichen und erwachsen ist.

Jeder Mensch macht diese Entwicklung durch. Wenn du dich jetzt oft allein fühlst, richtig »durchhängst« und dich ganz durcheinander fühlst, solltest du daran denken. Auch deine Großeltern, deine Eltern, deine älteren Geschwister und deine Lehrer haben diese Veränderungen durchgemacht. Du kannst von ihnen im Prinzip volles Verständnis erwarten. Sollten sie diese Zeit vergessen haben, kannst du sie ruhig einmal danach fragen, wie es denn bei ihnen war.

Trotz aller aufregenden Neuigkeiten ist die Pubertät nämlich für niemanden eine leichte Zeit.

Wann kommt die erste Monatsblutung?

Die erste Regel wird von vielen Mädchen freudig erwartet. Die Blutung, die am Anfang des weiblichen Zyklus steht, ist schließlich das sichtbarste Zeichen dafür, dass ein Mädchen nun eine Frau wird. Sie ist mit vielen körperlichen und seelischen Merkmalen verbunden, die das Frausein ausmachen.

Die erste Regel tritt etwa zwei bis drei Jahre nach dem Beginn der Hormonproduktion und zwei Jahre nach der Brustknospung auf. Das ist im Durchschnitt zwischen dem 9. und dem 15. Lebensjahr. Damit die Regel überhaupt eintreten kann, muss der Körper genügend Hormone gebildet haben, damit es den ersten richtigen Zyklus gibt. Dass sich dein Körper in den Startlöchern befindet, merkst du an einem leichten weißlichen Ausfluss aus deiner Scheide. Das ist ein gutes Zeichen, bei dem du dich schon seelisch auf deine erste Regel einstellen kannst. Wenn dich dieser Ausfluss stört, bittest du deine Mutter am besten um Slipeinlagen. Sie fangen die Feuchtigkeit auf, ohne im Slip aufzutragen. Du solltest allerdings darauf achten, dass du luftdurchlässige Slipeinlagen bekommst. Eine Folie staut nur Wärme und Feuchtigkeit an deiner Scheide, was zu Entzündungen führen kann.

Wann deine erste Blutung nun wirklich kommt, lässt sich nicht genau vorhersagen. Das ist auch von Mädchen zu Mädchen verschieden. Ob sie früher eintritt, langsamer oder schneller vorbeigeht, ist gleichermaßen normal. Selbst wenn bei einem Mädchen bis zum 15. Lebensjahr noch kein Anzeichen für die erste Blutung aufgetreten ist, muss das kein Anlass zur Beunruhigung sein. Jedes Mädchen hat dabei sein eigenes Tempo.

Du darfst dich dabei nicht nach deinen Freundinnen oder Schulkameradinnen richten. Gleichaltrige sind ohnehin als Informationsquellen in deinem Alter nicht so geeignet, denn sie wissen genauso wenig Bescheid wie du. Aber du kannst deine Mutter fragen, wie es denn bei ihr war. Die Frauen einer Familie haben meist ein ähnliches Entwicklungsschema. Das Ergebnis ist bei »Frühentwicklern« genau das Gleiche wie bei »Spätentwicklern«: eine erwachsene Frau.

Was bedeutet die erste Regel?

Die Blutung der Frau ist ein natürlicher Körpervorgang, der sich von der Pubertät bis zu den Wechseljahren in etwa regelmäßigen Abständen wiederholt – also etwa 35 bis 40 Jahre lang. Sie ist das äußere Zeichen für den Monatszyklus, an dessen Beginn sie auftritt. Mit dem Zyklus, der von Hormonen gesteuert wird, bereitet sich der Körper der Frau praktisch jeden Monat auf eine mögliche Schwangerschaft vor.

Beim Zyklus dreht sich alles um die kleine Eizelle, die in der ersten Zyklushälfte im Eierstock heranreift. Sobald sie ausgewachsen ist, wandert sie vom Eierstock in den Eileiter. Das nennt man den Eisprung. Nach diesem Eisprung durchwandert sie den Eileiter. Hier kann auch die Befruchtung mit dem Samen eines Mannes stattfinden. Ist es zu einer Schwangerschaft gekommen, nistet sich die befruchtete Eizelle in der Gebärmutter ein. Ist die kleine Eizelle nicht befruchtet worden, löst sie sich auf und es kommt zur Blutung.

Im Einzelnen passiert dabei Folgendes: Der Zyklus beginnt gewissermaßen im Kopf. Die Steuerzentrale im Gehirn sorgt dafür, dass über das Blut ein Hormon an die Eierstöcke abgegeben wird. Es heißt FSH oder genauer: Follikelstimulierendes Hormon. Die Eierstöcke verfügen über bestimmte Empfangsstellen, mit denen sie das FSH aus dem Blut abfangen können. Es regt die schon von der Geburt an im Eierstock vorhandenen Eianlagen – sie werden in der Medizin Follikel genannt – zur Reifung an. Fast immer wird in einem Zyklus nur eine Eizelle reif. Warum das so ist, weiß man noch nicht so genau. Warum sich in einem Zyklus immer nur einer der beiden Eierstöcke »angesprochen« fühlt, ist ebenfalls bislang nicht geklärt.

In der Hülle, die das Ei umgibt, wird nun ein wichtiges Hormon gebildet: das Östrogen. Es ist das wichtigste weibliche Geschlechtshormon und hat eine ganze Reihe von Aufgaben. Es ist unter anderem für den Aufbau der Schleimhaut in der Gebärmutter zuständig. Das ist die innerste Hautschicht, die diesen Hohlmuskel auskleidet. Sie wird im Laufe eines Zyklus immer dicker, denn sie soll im Falle einer Schwangerschaft die befruchtete Eizelle aufnehmen.

Ist die Eizelle ausgewachsen, werden im Eierstock große Mengen Östrogen gebildet. Über die Blutbahn gelangen sie auch zur Hormonsteuerzentrale im Gehirn. Das hält noch ein weiteres Hormon parat, das es nun auf den Weg »nach unten« schickt. Das Luteinisierende Hormon – kurz LH genannt – löst den Eisprung aus. Dabei wird die Eizelle mit etwas Gewebsflüssigkeit in den Eileiter gespült. Das ist eine ganz besondere Leistung des weiblichen Körpers, denn zwischen Eierstock und Eileiter besteht gar keine Verbindung. Der Eileiter hat eine trichterförmige Öffnung, die sich zum Zeitpunkt des Eisprungs etwas weiter öffnet und sich über den bohnenförmigen Eierstock stülpt, um das Ei aufzunehmen, das dort herauskommt.

Die Reise der Eizelle durch den Eileiter in die Gebärmutter dauert etwa vier Tage. Auf diesem Weg kann sie von einer Samenzelle befruchtet werden. Während die Eizelle wandert, beginnt die Eihülle, die im Eierstock zurückgeblieben ist, ein weiteres Hormon zu bilden. Das ist das Progesteron. Es wird wegen der gelben Farbe der Eihülle auch Gelbkörperhormon genannt. Es hat ebenfalls eine Vielzahl von Aufgaben »zu erledigen«: Es verhindert, dass sich die Gebärmutter zusammenzieht und ein möglicherweise befruchtetes Ei ausstößt. Dadurch kommt es zu keinen vorzeitigen Wehen. Außerdem sorgt es dafür, dass die Gebärmutter gut durchblutet und mit Nährstoffen versorgt wird, damit sie für die Ernährung eines werdenden Lebens gerüstet ist.

Kommt es zu keiner Schwangerschaft – was ja über die vielen fruchtbaren Jahre hinweg häufiger der Fall ist als eine Schwangerschaft, bremst das Progesteron den Aufbau der Gebärmutterschleimhaut. Die kleine Eitasche bildet sich zurück und stellt auch die Ausschüttung des Progesterons ein. Der Zyklus neigt sich dem Ende zu. Innerhalb der nächsten zehn bis vierzehn Tage nach dem Eisprung kommt es dann zur Blutung: Die Gebärmutter befreit sich damit von der inneren Schleimhautschicht, in der sich ja eigentlich eine befruchtete Eizelle für die Zeit der Schwangerschaft einrichten sollte.

Die Schleimhautschicht beginnt aufzubrechen und in kleinen Stückchen abzubluten. Die Menstruationsflüssigkeit besteht also keineswegs nur aus Blut, sondern zur Hälfte aus Schleim und Schleimhautstückchen. Deshalb ist sie auch meist nicht blutrot, sondern eher etwas bräunlich. Etwa 40 Milliliter Menstruationsflüssigkeit werden bei einer Blutung ausgeschieden, es können aber auch 60 bis 80 Milliliter sein. Das entspricht etwa der Hälfte eines Wasserglases, ist also gar nicht so viel, wie es einem manchmal vorkommt. Die verlorene Blutmenge wird vom Körper rasch ersetzt.

Nach statistischen Erhebungen dauert eine Blutung durchschnittlich vier bis sechs Tage. Bei manchen Mädchen und Frauen dauert sie länger, bei anderen ist sie kürzer. Der erste Tag der Blutung ist gleichzeitig auch der erste Tag des neuen Zyklus. Die Blutung ist zu Ende, wenn sich die Gebärmutter völlig von ihrer inneren Auskleidung getrennt hat. Der Eierstock beginnt nun erneut Östrogen zu bilden.

Soll ich Hormonmedikamente nehmen, wenn es zu lange dauert?

Jeder Mensch hat sein eigenes Entwicklungstempo. Manche Mädchen sind früher, manche später dran. Das ist gleichermaßen normal. Eine spätere Entwicklung beunruhigt eigentlich immer nur dann, wenn man nicht weiß, dass alles in Ordnung ist.
Trotzdem kann es dich natürlich unsicher machen, etwa wenn alle anderen Freundinnen und Schulkameradinnen schon lange sehr viel weiter entwickelt sind als du. Aber gerade in der Pubertät gibt es da ganz enorme Unterschiede.

Wenn du denkst, du seiest zu klein, so musst du dir trotzdem keine Sorgen machen. Der Mensch ist meist mit etwa 17 Jahren ausgewachsen. Echte Wachstumsstörungen werden in aller Regel schon viel früher erkannt. Selbst Jugendliche, die als Kinder recht klein waren, erreichen schließlich die normale Größe von Erwachsenen. Wenn du trotzdem das Gefühl hast, dass du einmal mit einem Arzt darüber sprechen möchtest, solltest du das unbedingt tun. Der Kinderarzt ist in solchen Fragen erfahren. Eventuell zieht er einen Experten für hormonelle Wachstumsverzögerungen hinzu. Meist sind das Kinderärzte, die in Kinderkliniken arbeiten. In seltenen Fällen können Wachstumshormone helfen.

Wenn du auf deine erste Regel wartest, solltest du dich ruhig mit etwas Geduld wappnen. Möchtest du trotzdem mit jemandem darüber sprechen, kannst du ruhig schon einmal einen Frauenarzt oder eine Frauenärztin aufsuchen. Du musst dabei nicht untersucht werden. Oft reicht schon ein Gespräch aus, um dir zu versichern, dass du noch in aller Ruhe weiter warten kannst. Meist ist nur die Hormonbildung noch nicht ganz ausreichend, um einen Eisprung und eine Blutung auszulösen.

In Ausnahmefällen gibt es die Möglichkeit, dir mit einer Hormonkur zu einer Blutung zu verhelfen. Das ist jedoch unnötig, denn dadurch wird lediglich eine künstliche Blutung ausgelöst, nicht aber dein Entwicklungsprozess beschleunigt. Solche Medikamente täuschen dem Körper nämlich nur vor, dass er ausgereift ist, können ihn aber in seinem Reifungsprozess gar nicht beeinflussen.

Es kommt heute allerdings häufiger vor, dass ein Mädchen viel zu dünn ist, Hochleistungsport treibt oder intensiv Ballett tanzt und dadurch überhaupt kein Fettgewebe hat. Das kann sich negativ auf die erste Regel auswirken. Zu dünn sein ist eindeutig schädlich. Es kann dann auch passieren, dass die Regel ausbleibt, obwohl sie schon eingetreten war. In solchen Fällen muss wahrscheinlich ein Hormonpräparat verordnet werden, bis die Blutung wiederkommt, weil sonst auch das Knochengerüst angegriffen werden kann.

Die Regel – eine regelmäßige Sache?

Die Blutung wird auch Regel oder Periode genannt, weil sie bei erwachsenen Frauen einen ziemlich regelmäßigen Rhythmus findet. Der Rhythmus wird davon bestimmt, ob und wann es zu Eisprüngen kommt. Bei den meisten Frauen tritt alle 28 bis 32 Tage eine Blutung auf. Das ist jedoch nur eine statistische Durchschnittsgröße, die dich nicht irritieren sollte.

Nur eine von hundert Frauen hat eine Blutung, die tatsächlich alle 28 Tage kommt. Bei allen anderen ist der Zyklus länger oder kürzer. Jede Frau entwickelt ihren eigenen Rhythmus. Der Abstand zwischen den einzelnen Blutungen ist von Frau zu Frau verschieden. Er kann aber auch bei der einzelnen Frau von Mal zu Mal verschieden sein. Das hängt nämlich unter anderem davon ab, wie sie sich gerade fühlt. So wird es auch bei dir sein. Mit zunehmender Erfahrung lernst du, deine Menstruation einzuschätzen und du spürst, wie dein Wohlbefinden mit ihr zusammenhängt.

Bei den meisten Mädchen findet nach der ersten Menstruation – wie die Blutung in der Medizin heißt – nur unregelmäßig ein Eisprung statt. Deshalb schwanken die Zeiten zwischen den einzelnen Blutungen noch sehr stark. Je länger es dauert, desto stärker kann die Blutung sein. Denn dann wurde in der Gebärmutter mehr Schleimhaut aufgebaut, die nun abgeblutet werden muss. Es dauert eine ganze Weile, bis sich der persönliche Rhythmus eingependelt hat. Meist ist dies nach ein bis zwei Jahren so. Wenn dein Zyklus also mal länger oder mal kürzer dauert und deine Blutung mal stärker, mal schwächer ist, hat das durchaus seine Regel!

Sinnvoll ist es, eine Weile einen Zykluskalender zu führen. Dabei kannst du deinem eigenen Rhythmus am besten auf die Spur kommen. Notiere dir auch, wie es dir sonst so geht, etwa ob du krank bist, auf Reisen, verliebt oder unter besonderem Stress. Du wirst dann wahrscheinlich feststellen, dass deine Stimmung und die Situation, in der du dich gerade befindest, auch Länge und Verlauf deines Zyklus beeinflussen können.

Ist ein Eisprung spürbar?

Je besser eine Frau sich selbst kennt, desto leichter kann sie bestimmte körperliche Erscheinungen erkennen und einordnen. Sie kann dann oft sagen, an welchem Punkt ihres Zyklus sie sich gerade befindet. Viele Frauen spüren beispielsweise ganz deutlich, wenn etwa in der Zyklusmitte die reife Eizelle vom Eierstock in den Eileiter springt. Das kann sich durch ein deutliches Ziehen im Unterleib bemerkbar machen. Dieses Ziehen nennt man Mittelschmerz. Es tritt meist auf der Seite auf, wo der Eierstock sitzt, aus dem sie herausplatzt und sich auf den Weg in die Gebärmutter macht. Hin und wieder kommt es zu diesem Zeitpunkt zu einer leichten Blutung.

Meist kündigt sich der Eisprung schon einige Tage vorher an. Der Gebärmuttermund wird normalerweise durch einen Schleimpfropf fest verschlossen. Das ist eine körpereigene Sicherheitsschranke, die das Eindringen von Samenfädchen oder Krankheitskeimen verhindert. Zum Zeitpunkt des Eisprungs löst sie sich langsam auf, um damit den Weg für den Samen eines Mannes frei zu machen. Unmittelbar während des Eisprungs ist der Schleim so dünnflüssig, dass er als Feuchtigkeit am Scheideneingang spürbar wird. Er ist dann ganz glasklar, geruchlos und lässt sich zu dünnen Fädchen ziehen (mehr darüber auf Seite 99). Nach dem Eisprung wird er wieder milchiger und zieht keine Fäden mehr.

Gehören Schmerzen und Unwohlsein bei der Blutung dazu?

Während der Blutung ziehen sich die Muskeln der Gebärmutter etwas zusammen, um sich leichter von der obersten Schleimhautschicht trennen zu können, die im Laufe des Zyklus aufgebaut wurde. Das tut normalerweise nicht weh. Es macht sich meist allenfalls ein leichtes Ziehen bemerkbar. Einige Frauen leiden jedoch sehr darunter. Das ist oft abhängig davon, wie gut oder schlecht sie sich allgemein fühlen. Das gilt besonders für die Pubertät, in der die Blutungen ungewohnt sein können.

Viele Frauen suchen während der Zeit ihrer Blutung die Wärme: Eine warme Dusche oder eine Wärmflasche auf dem Bauch tun bei starkem Unterleibsziehen besonders gut. Eine leichte Bauchmassage und spezielle Kräuterteemischungen können Wunder wirken. Wer stark unter Schmerzen leidet, darf ausnahmsweise einmal zu einem leichten Schmerzmittel greifen.

An der Entstehung des Schmerzes ist ein weiteres Hormon beteiligt, das Prostaglandin. Es wird unter anderem in der Gebärmutter gebildet, wo es das rhythmische, manchmal kräftige Zusammenziehen der Gebärmutter verursacht. Der bekannte Wirkstoff Acetylsalicylsäure (ASS) beispielsweise hemmt direkt die Bildung von Prostaglandin und lässt die Schmerzen gar nicht erst entstehen. Du kannst in der Apotheke danach fragen, in welchen Präparaten dieses ASS enthalten ist.

Nicht selten sind starke Schmerzen während der Regel auf seelische Verspannungen und auf Stress zurückzuführen. Da hilft alles, was der Entspannung dient: ein Ruhestündchen auf dem Sofa, ein Mittagsschlaf mit einer Wärmeflasche, Entspannungsmethoden wie Yoga oder autogenes Training, Sport oder Gespräche mit anderen Mädchen und Frauen, denen es ähnlich ergeht.

Wer gerade eine starke Blutung hat, sollte auf warme Bäder und Sauna besser verzichten. Die heftige Wärme verstärkt nämlich die Blutung. Allerdings dauert sie dann weniger lange, weil in kürzerer Zeit mehr Blut ausgeschieden wird. Die Blutmenge selbst verändert sich dadurch nicht. Manche Frauen haben übrigens gute Erfahrungen mit Kälte gemacht. Bei ihnen lässt das unangenehme Ziehen nach, wenn sie sich etwas Kaltes – eine kalte Wärmeflasche oder einen Eisbeutel – auf den Bauch legen. Was dir gut bekommt, musst du selbst ausprobieren.

Sind Frauen während der Regel wirklich launisch und unberechenbar?

Weil die Menschen früher noch nicht wussten, was sich im Körper abspielt und welchen logischen Sinn alle Erscheinungen haben, rankten sich um manche Sachen die abenteuerlichsten Ansichten. Besonders Zyklus und Blutung waren ihnen nicht »ganz geheuer«. Eine Zeit lang dachte man, Frauen wären von Natur aus krank, weil sie regelmäßig bluten und man nicht wusste, warum. Oder man glaubte, mit dem Blut würden Giftstoffe ausgeschieden, vor denen sich jeder peinlichst zu hüten hätte. Daraus entstand das Gerücht, dass Kuchen nicht aufgehen und Milch sauer wird, wenn Frauen während ihrer Regel damit in Kontakt kommen.

Dann wieder hielt man sie für unrein, weil sie sexuelles »Verderben« über den Mann bringen würden. Man hängte das an der Blutung auf und verbot den Männern den Kontakt mit ihren Frauen, während diese ihre Regel hatten und noch eine Woche danach. Frauen durften in dieser Zeit nicht am öffentlichen Leben teilnehmen und waren praktisch für die Hälfte des Monats »ausgesperrt«. Durch diese Einschränkungen hatten sie über Jahrhunderte gar keine Gelegenheit, sich gleichberechtigt und kontinuierlich am politischen, wirtschaftlichen und gesellschaftlichen Geschehen zu beteiligen. Sie konnten keinen Beruf ausüben und waren an Herd und Heim gefesselt. Außerdem war das Gerücht verbreitet, Frauen wären in dieser Zeit besonders launisch und unberechenbar.

Das hört sich für uns heute unwahrscheinlich an. Dennoch hat sich bei vielen noch ein Wirrwarr aus all diesen falschen Erklärungssätzen gehalten. Manche Frauen lehnen die Menstruation deshalb heftig ab. Experten glauben, dass sie schon aus diesem Grund fast zwangsläufig Beschwerden wie Bauchschmerzen, Unwohlsein oder Unregelmäßigkeiten im Zyklus bekommen. Schon der abwegige Gedanke, eine Frau müsse sich vor und während der Regel schlechter als sonst fühlen, kann offenbar zu einer Stimmungsverschlechterung und depressiven Schwankungen führen. Aber natürlich kommt es vor, dass sich die Periode schmerzhaft bemerkbar macht. Gerade solange sich bei jungen Mädchen der Zyklus noch nicht richtig eingependelt hat, gehören bei vielen von ihnen heftige Blutungen, Bauchziehen und Unwohlsein dazu .

Wissenschaftler haben festgestellt, dass Frauen, die zufrieden mit ihrer Weiblichkeit leben und ihren Körper gut leiden können, mit Blutungen und Zyklus oft besser klarkommen. Für sie ist das etwas Positives, aus dem sie Stärke schöpfen. Sie sind in der Zeit vor und während der Regel besonders kreativ und fröhlich. Das macht deutlich: Frauen können stolz sein auf ihren Zyklus und ihre Regel. Und jedes Mädchen, das seine erste Periode bekommt, ganz besonders.

Das ist übrigens auch in anderen Kulturen so, in denen die Blutung eine positive Bedeutung hat. Da wird die erste Blutung gefeiert und Regelbeschwerden kommen dort interessanterweise so gut wie nie vor. Von einigen Indianerstämmen weiß man, dass sie große Feste geben, wenn ein Mädchen zur Frau wird. Die Mädchen des Makololo-Stammes in Sambia erhalten bei der ersten Blutung einen neuen Namen und dürfen sieben Abende lang mit ihren Freundinnen tanzen und feiern. Vielleicht hast du ja auch Lust auf ein kleines Fest mit deinen Eltern oder deinen Freundinnen.

Bekommt meine Brust die richtige Form?

Die Brust beginnt in der Pubertät zu wachsen, weil sich unter den Brustwarzen die Milchdrüsen entwickeln. In ihnen wird sich später die Milch für ein Baby bilden. Erst wird deine Brust wahrscheinlich kleine Spitzen bekommen, bevor sie sich sanft rundet. Der Weg von der Brustknospe bis zur »erwachsenen« Brust dauert mehrere Jahre. Erst wenn du 16 bis 18 Jahre alt bist, ist dein Busen ausgewachsen. Aber genau genommen verändert sich die Brust einer Frau das ganze Leben lang – etwa durch eine Schwangerschaft oder im Laufe des Zyklus.

Wahrscheinlich entwickelt sich die eine Brust stärker als die andere. Bei den meisten erwachsenen Frauen ist eine Brust nämlich eine Spur größer als die andere – so ähnlich wie fast alle Menschen zwei unterschiedlich große Füße haben und auch nicht beide Hände völlig identisch sind.

Das Brustwachstum kann mit Druckgefühlen, Spannungen und Jucken verbunden sein. Wenn es zu arg wird, kannst du einen BH anziehen und etwas Watte vor die Brustwarzen legen. Für nachts solltest du ein weiches Nachthemd haben, das nicht scheuert. Das hilft meist schon, die berührungsempfindlichen Brustspitzen zu schützen. Wenn die Brust voller wird, möchtest du wahrscheinlich sowieso gerne einen BH tragen. Zum einen kann das sehr schick und sehr sexy sein. Andererseits nimmt ein BH den Bändern, die die Brust halten, einen Teil des Gewichts ab. Beim Sport und beim Laufen ist ein BH auf alle Fälle sinnvoll.

Viele Mädchen machen sich Sorgen wegen ihrer Brust. Sie haben Angst, dass sie nicht »die richtige Form« bekommt. Sie glauben, sie sei zu klein, zu groß, zu weit nach oben oder nach unten geraten oder habe zu dunkle Brustwarzen. Dass Frauen da so empfindlich sind, liegt daran, dass die Brust einer Frau gewissermaßen von öffentlichem Interesse ist. In fast allen Zeitschriften blitzen uns blanke Brüste entgegen, die meist Models mit einer Einheitsgröße und -form gehören. Dadurch wird der Eindruck erweckt, als gäbe es so etwas wie eine Idealform und als sei nur die schön. Das darf dich nicht irritieren, denn diese Modelle werden gezielt danach ausgesucht. Und du weißt ja sicher, dass viele junge Frauen gar keinen echten Busen mehr haben, sondern eine vom Schönheitschirurgen aufgepeppte Brust.

Jede Frau bekommt ihre ganz individuelle Brust, die sich nach keinem Modeschema richtet. Sie ist etwas so Persönliches wie die Augenfarbe oder der Fingerabdruck. Welche Brustform du bekommst, hängt in erster Linie davon ab, was deine Eltern dir mit ihren Erbanteilen auf den Lebensweg gegeben haben. Sie ist oft bei Frauen aus einer Familie ähnlich. Die Milchdrüsen sind bei allen Frauen ungefähr gleich groß. Das Gewebe, das sich zwischen den einzelnen Drüsen bildet, bestimmt die Form der Brust. Sie ist durch nichts zu beeinflussen, wird durch Hungerkuren nicht kleiner, durch Massage, Gymnastik oder viel Essen nicht größer.

Die Brüste der Frau sind bei der Sexualität ganz wichtig, weil in ihnen besonders zarte Nerven enden. Werden sie berührt oder gestreichelt, kann das sexuelle Lust auslösen oder verstärken. Das ist völlig unabhängig von der Form deiner Brust. Die Fähigkeit, später ein Baby stillen zu können, hat damit nichts zu tun.

Jungen kommen etwa anderthalb Jahre später in die Pubertät als Mädchen. Auch bei ihnen wird dieser Entwicklungsschritt durch Hormone ausgelöst. Mit etwa elf bis zwölf Jahren bemerkt ein Junge, dass seine Hoden größer geworden sind. Ungefähr ein Jahr später beginnt das Glied zu wachsen. Allmählich verändert sich auch seine Stimme: Durch den Stimmbruch wandelt sich die kindlich hohe Stimme zur männlich rauen.

Sexualität und Fruchtbarkeit werden wie bei der Frau vom Gehirn gesteuert. Es sendet Hormone an die Hoden, die daraufhin selbst Hormone ausschütten. Das wichtigste männliche Hormon heißt Testosteron. Unter seinem Einfluss reifen in der Pubertät die Geschlechtsorgane, es wachsen Bart, Brust- und Schamhaare und die Stimme wird tiefer. Das Testosteron ist ebenfalls für die typisch männliche Körperform mit den breiten Schultern, den schmalen Hüften und den kräftigen Muskeln »zuständig«. Zudem regt es die Talgproduktion in der Haut an, was zu Pickeln und Akne führen kann.

Wie bei Mädchen sind bei Jungen die Geschlechtsorgane bereits bei der Geburt vorhanden. Sie bestehen aus dem Glied, den Hoden und den Nebenhoden, die sichtbar außerhalb des Körpers liegen, dem Samenleiter, den Samenblasen, der Vorsteherdrüse und verschiedenen anderen Drüsen. Das Glied besteht unter anderem aus Schwellkörpern, die sich bei sexueller Erregung verstärkt mit Blut füllen. Dadurch richtet sich das normalerweise weiche und kleine Glied auf, wird härter und größer. Man hat dann fast das Gefühl, als stecke ein Knochen darin. So hat die Natur sichergestellt, dass das Glied in die Scheide der Frau eingeführt werden kann.

Die Vorhaut ist die Reservefalte für die Verlängerung des Gliedes bei der Versteifung. Sie wird auf einer Seite durch ein feines Bändchen gehalten. Das verdickte vordere Ende des Gliedes wird Eichel genannt. Sie ist der sexuell empfindsamste Körperteil des Mannes und liegt darum auch gut geschützt unter der Vorhaut. Im Glied sitzt ebenfalls die Harnröhre. Durch sie fließen sowohl Urin als auch Samenflüssigkeit. Ein raffinierter Verschlussmechanismus verhindert, dass beide gleichzeitig den Körper verlassen.

Die beiden eiförmigen Hoden hängen im Hodensack zwischen den Beinen herunter. Sie werden von feinen Nerven und Blutgefäßen durchzogen und sind sehr empfindlich. Auf zarte Berührung reagieren sie sehr sensibel und lustvoll. Die Hoden liegen außerhalb des Körpers, weil für die Samenbildung, die in ihnen stattfindet, eine niedrigere Temperatur nötig ist als jene, die im Körperinneren herrscht. In den Hoden winden sich die zu einem Knäuel gewickelten Samenkanälchen. In diesen Gängen wird von der Pubertät an der Samen gebildet. Dazu ist das schon erwähnte Testosteron notwendig. Mit dem ersten ausgereiften Samen kann ein Junge zum Vater werden. An den Samenleitern sitzen viele kleine Bläschendrüsen, in denen die Hauptmenge der Samenflüssigkeit produziert wird. Sie wird auch Sperma genannt. Jeder Bestandteil hat eine wichtige Aufgabe zu erfüllen. Zum Beispiel steuern sie die Beweglichkeit der Samenfädchen.

Die Bildung der Samen ist ohnehin ein sehr komplizierter Vorgang, der leicht gestört werden kann, zum Beispiel durch Stress, Nikotin oder Umweltgifte. Etwa 64 Tage – also mehr als zwei Monate – dauert es, bis so ein Samenfädchen »fertig« und einsatzfähig ist.

Jungen haben in ihrer Entwicklungsphase andere Probleme als Mädchen. Beispielsweise machen manchen von ihnen sexuelle Gefühle sehr zu schaffen. Sie werden meist ganz plötzlich damit konfrontiert. Durch die beginnende Hormonproduktion kommt es immer wieder zu Gliedversteifungen, oft auch in völlig unvorhersehbaren Momenten. Viele Jungen wachen morgens plötzlich mit einem steifen Glied auf. Manchmal entsteht eine solche Erektion allein durch die Reibung der Hose. Das kann bisweilen sehr schmerzhaft und unangenehm sein.

Wenn sich im Hoden viele Samen aufgestaut haben, entlädt der Körper sich in diesem Alter durch einen nächtlichen Samenerguss. Das nennt man »feuchte Träume«. Sie sind wohl auch der Grund, warum Jungen schneller als Mädchen die Selbstbefriedigung entdecken. Sie verschafft ihnen auf angenehme Weise Erleichterung, wenn der Druck zu groß wird. Schon in der Pubertät beginnen Jungen meist miteinander zu konkurrieren und sich zu vergleichen. Die größte – körperliche – Sorge von Jungen scheint es zu sein, dass ihr Glied nicht groß genug werden könnte. Das liegt an dem Vorurteil vieler Menschen, bei denen ein großes Glied als besonders männlich gilt.

Größenunterschiede macht die Natur jedoch wieder wett: Das steife Glied ist bei den meisten Männern etwa zehn bis fünfzehn Zentimeter lang – egal wie groß oder klein es sonst ist. Die Länge der weiblichen Scheide entspricht dem in etwa.

Ist die erste Liebe gleich die große Liebe?
Das fühlt sich zwar meist so an, ist es aber eher selten.

Tut Liebe weh?
Es kann tatsächlich sein, dass einem »alles« vor Sehnsucht weh tut, wenn man jemanden sehr, sehr lieb hat!

Wann soll man sich zum ersten Mal richtig verlieben?
Dafür gibt es keine Regel und es lässt sich nicht erzwingen.

Wie schnell kann man sich verlieben?
In Bruchteilen von Sekunden, als wenn ein Blitz einschlägt!

Ist es normal, in mehrere Jungs auf einmal verknallt zu sein?
In der Pubertät völlig!

Hört Liebeskummer tatsächlich irgendwann auf?
Auch wenn es mittendrin unvorstellbar ist: Ja!

Was soll ich tun, wenn ich eifersüchtig bin?
In erster Linie nett zu dir selbst sein! Oft scheint es schlimmer zu sein, als es wirklich ist.

Wie findet »er« mich am tollsten?
Versuche seine Aufmerksamkeit zu erregen, indem du so bleibst, wie du bist!

Wie mache ich am besten Schluss mit jemandem?
Stell dir vor, du wärst an seiner Stelle.

Warum spricht mein Freund so wenig über seine Gefühle zu mir?
Das können Männer nicht so gut, aber wahrscheinlich zeigt er sie dir, indem er etwas mit dir unternimmt.

Was ist Liebe überhaupt?

Zu erklären, was Liebe ist und was sie von anderen Gefühlen unterscheidet, ist fast unmöglich. Der Jung-Autor Benjamin Lebert hat es auf diese Formel gebracht: »Liebe ist eine Art Krankheit und Heilung in einem.«

Fest steht: Liebe ist eine reine Gefühlssache und hat mit dem Verstand nichts zu tun. Liebe ist einfach da, man kann sie nicht herbeidenken oder erzwingen. Sie kommt und geht, wie sie will.

Es gibt viele unterschiedliche Arten von Liebe. Für jeden Menschen bedeutet sie etwas anderes. Eltern lieben ihre Kinder, Kinder lieben ihre Eltern, Geschwister lieben einander – selbst wenn sie das manchmal nicht merken –, Kinder lieben ihre Großeltern, ihre Tiere, ihr Spielzeug, Freundinnen lieben einander, alte Menschen lieben unter anderem Erinnerungen. Liebe steht für ein warmes Gefühl und für den festen Willen, sich für den geliebten Menschen einzusetzen und mit ihm auf Gedeih und Verderb alles durchstehen zu wollen. Wenn man so liebt und geliebt wird, fühlt man sich geborgen, ist zufrieden und glücklich.

Von der Pubertät an gewinnt die Liebe noch eine andere Seite: Es ist jetzt damit auch Verliebtsein gemeint, aus dem Liebe entstehen kann, eine Art Urknall der Liebe – ein ganz besonderer, beglückender Ausnahmezustand, der an den drängenden Wunsch gekoppelt ist, dass nun alle Träume wirklich in Erfüllung gehen. Diese Liebe entfacht sich in der Regel zwischen Frau und Mann, zwischen Mädchen und Jungen, aber auch zwischen Mädchen und Mädchen, Jungen und Jungen. Neu und entscheidend an dieser Liebe ist, dass die Sexualität eine große Rolle spielt. Auch wenn ein Paar noch nicht gleich miteinander schlafen möchte, schwingt jetzt doch etwas ganz Besonderes zwischen den beiden.

Die erste Erfahrung mit solchen Liebesgefühlen ist meist die Schwärmerei. Du selbst beginnst vielleicht für eine Person zu schwärmen, die du gar nicht persönlich oder nur vom Sehen her kennst, einen Popstar etwa, einen Lehrer, den Bruder einer Freundin oder einen Jungen aus einer höheren Klasse. Du kannst Stunden damit zubringen, dir auszumalen, wie es sein könnte, mit diesem Jungen oder Mann wirklich zusammen zu sein. Du fantasierst dich in Situationen, in denen er dir zu Füßen liegt oder dich auf Händen trägt, er betet dich an, weil du so schön, reich, erfolgreich und klug bist. Vielleicht träumst du auch davon, dass du ein berühmter Popstar bist und er deshalb auf dich fliegt. Du träumst davon, wie ihr euch küsst, vielleicht sogar miteinander schlaft. Das ist gewissermaßen das Üben für den Ernstfall. Auch später noch, wenn du in jemanden frisch verliebt bist, wirst du dir insgeheim solche inneren Filme zusammenträumen. Das kann sehr schön sein.

Wenn sich zwei Menschen richtig ineinander verlieben, dann stehen sie vor lauter »Schmetterlingen im Bauch« völlig neben sich. Sie sind vollkommen voneinander verzaubert. Jede noch so winzige Berührung wird zu einer totalen Erschütterung. Sie gehen völlig ineinander auf und finden sich gegenseitig einzigartig. Sie starren sich stundenlang in die Augen, vergessen alles um sich herum und sind für ihre Umwelt nicht gerade ein Gewinn. Denn sie sehen und hören nichts außer einander. Natürlich ist dieser Zustand nicht von Dauer.

Irgendwann kehrt bei jedem Paar der Alltag ein. Das kann der Startschuss für die große Liebe sein. Aber auch der Anfang vom Ende. In der Pubertät ist meist Letzteres der Fall. Und das ist gut so, denn Heranwachsende müssen ja erst einmal Erfahrungen sammeln.

Lieben will gelernt sein. Deswegen kann es sein, dass du in zwei oder sogar mehrere Leute gleichzeitig verliebt bist. Nicht aus jedem Verliebtsein wird etwas. Bei näherem Besehen sind die Menschen, die sehr gut zu einem passen, sowieso nicht so reichlich gesät. Aus manchen Verliebtheiten werden sich aber vielleicht echte Freundschaften entwickeln.

Nicht selten ist in solchen Beziehungen einer verliebter als der andere. Es tut weh, wenn die eigene Liebe nicht im gleichen Maße erwidert wird. Das gilt übrigens natürlich ebenso für einen Jungen, der in dich verliebter ist als du in ihn. Es ist wichtig, dass du es dir von Anfang an zur Spielregel machst, nicht mit der Liebe eines Jungen zu spielen und seine Gefühle nicht zu verletzen. Auch dann nicht, wenn du selbst mal von jemandem schlecht behandelt wurdest und dich am männlichen Geschlecht rächen möchtest. Sei immer so ehrlich wie möglich und versuche keine Spielchen mit ihm zu spielen. Auf lange Sicht zahlt sich so ein Verhalten für dich selbst aus.

Warum gerade der?

Schon in der Kindheit hast du dich bestimmt für den einen oder anderen Jungen – vielleicht aus deiner Klasse – interessiert. Manche Jungen und Mädchen »gehen« schon in der Grundschule miteinander, weil sie sich so gerne mögen. Das ist schon so etwas wie ein »kleines« Verliebtsein. Wann du dich aber zum ersten Mal richtig verliebst, lässt sich nicht vorhersagen. Dafür gibt es keine Regeln. Bei den einen dauert es länger, manchmal auch, weil niemand da ist, in den man sich verlieben könnte. Bei den anderen geht es schneller. Irgendwann passiert es aber bei jedem: Die erste Begegnung, erster Blick, zweiter Blick, Verwirrung, Kontaktaufnahme, das erste warme Prickeln im Bauch, und schon bebt die Erde. Oft ist innerhalb weniger Minuten alles gelaufen: verliebt, verknallt, verschossen, für die Welt erst mal verloren.

Es kann aber auch anders sein: Du siehst einen bekannten, ja vertrauten Menschen plötzlich in einer anderen Situation, in einem neuen Licht, lernst eine überraschende Eigenschaft an ihm kennen oder entdeckst vielleicht, dass er besonders schöne Hände hat oder etwas anderes, was du so noch nie wahrgenommen hast. Und plötzlich knallt bei dir eine Sicherung durch: tausendmal berührt, tausendmal ist nichts passiert ... und dann ist auf einmal »tausendundeine Nacht« angesagt.

Was sich im Körper abspielt, beschäftigt inzwischen sogar die Wissenschaftler. Sie haben herausgefunden, dass dafür ein Hormonfeuerwerk im Kopf verantwortlich ist. Das Liebeshormon (Oxytozin genannt) kann offenbar Gefühle der Liebe, der Lust, der Leidenschaft und der Zärtlichkeit auslösen. Wodurch die Ausschüttung in Gang gesetzt wird, ist noch unklar. Auf wen das Gefühl gerichtet ist, kontrolliert dieses Liebeshormon allerdings nicht. Das hängt von ganz anderen Dingen ab. Du könntest also niemanden in dich verliebt machen, indem du ihm eine Hormonpille ins Glas schmuggelst. Genauso hoffnungslos wäre es, wenn man sich selbst damit zu innigeren Gefühlen überlisten wollte. Außerdem spielen offenbar auch noch jede Menge anderer Hormone eine Rolle, auf alle Fälle die Geschlechtshormone.

Weshalb du also beim Anblick des netten blauäugigen Jungen von nebenan oder des braunen Lockenkopfes aus der Musikgruppe weiche Knie und ein »vernebeltes« Hirn bekommst, bleibt damit ein Rätsel. Wahrscheinlich gibt es eine Art inneres Suchbild, das sich im Laufe des Lebens herausbildet und sich natürlich auch immer wieder verändern kann. Das hängt wohl von deiner Erziehung, deinen Erfahrungen, deinen Erinnerungen, deinen Ansichten und Vorurteilen, aber auch dem Körpergeruch deines Gegenübers, seiner Stimme, den Blicken, dem Aussehen, vielleicht sogar von seiner Kleidung und vom jeweiligen Zeitpunkt ab. Die meisten Menschen suchen einen Partner, der ihnen in gewisser Weise ähnlich ist, einen Wesensverwandten. Andere werden von exotischen Menschen angeregt, die total anders sind als sie selbst. Daher rühren die Sprichwörter »Gleich und gleich gesellt sich gern« und »Gegensätze ziehen sich an«. Dieser »Mix« ändert sich von Mal zu Mal, wohl auch durch die Erfahrungen, die man macht, und die Art, wie man sie verarbeitet.

In den meisten Fällen geht die »Anmache« vom Mädchen oder von der Frau aus. Das ist übrigens bei vielen Tierarten ebenso: Das Weibchen bestimmt, wann, mit wem und wie oft es sich paart. Die Männchen konkurrieren dabei untereinander, oft kämpfen sie sogar. Meist »erhört« das Weibchen dann das stärkste. Ein ähnliches Verhalten wollen Forscher auch bei Frauen ausgemacht haben. Das sei ein Überbleibsel aus der menschlichen Entwicklungsgeschichte, glauben sie: Die Frauen fliegen automatisch auf Männer, die stark und schön sind und die ihnen am meisten zu bieten haben. Damit suchen sie den besten Vater für ihre Kinder aus.

Starke und erfolgreiche Frauen imponieren Männern nach dieser Theorie hingegen wenig. Wir wissen heute glücklicherweise, dass sich in dieser Ansicht einiges verändert hat. Frauen müssen ihre Persönlichkeit nicht mehr zurücknehmen, um einen geeigneten Partner zu finden. Ein Beruf und eine ordentliche Portion Durchsetzungskraft machen eine Frau schließlich viel attraktiver. Im wirklichen Leben und in der wirklichen Liebe sind einem solche Theorien ohnehin ganz egal. Selbst wenn wir irgendwann ganz genau wissen, was sich in unserem Körper abspielt, tun die Gefühle doch, was sie wollen: Wir verlieben uns einfach, in wen wir uns verlieben müssen. Erzwingen lässt sich dieser Funke nicht. Jedes Mal wieder ist es eine ganz eigene geheimnisvolle Geschichte, aus der sich am Anfang noch nicht ablesen lässt, wie sie am Ende ausgehen wird.

Wie komme ich darüber hinweg, dass er mich verlassen hat?

»Das erste Mal tat's noch weh, beim zweiten Mal nicht mehr so sehr, und heute weiß ich, daran stirbt man nicht mehr« – heißt es in einem bekannten Schlager. Die meisten Popsongs handeln von Liebe und Leid, von gebrochenen Herzen. Zu allen Zeiten haben Sänger und Sängerinnen, Dichter und Dichterinnen, Maler und Malerinnen mehr oder weniger erfolgreich versucht, mit einem Gefühl fertig zu werden, das einen immer wieder und mit unverminderter Wucht treffen kann. Offenbar bleibt niemand davon verschont, egal ob Jung oder Alt, Arm oder Reich: Kummer um eine verflossene oder nicht erfüllte Liebe kann einen Menschen stark erschüttern. Manchmal sogar in seinen Lebensgrundsätzen. Es erscheint einem, als sei dieses das Ende der gesamten Welt. Erstaunt ist man immer wieder, dass seelische Schmerzen einem fast körperlich weh tun können. Das geht übrigens Erwachsenen genauso.

In welcher Form es einen erwischt, lässt sich nicht vorhersagen. Manchmal ist es leichter zu ertragen, manchmal schwerer. Manche Menschen können besser damit umgehen, andere sind da »schwerblütiger«. Du selbst machst vielleicht auch von einem zum anderen Mal unterschiedliche Erfahrungen mit dir: Einmal tut es dir gar nicht so weh, beim nächsten Auseinandergehen hast du dann das Gefühl, als stürzest du aus dem siebenten Himmel ab in ein schwarzes Loch; wenn du von einem geliebten Menschen verlassen wirst. Du kannst dir nicht vorstellen, wie dein Leben ohne ihn weitergehen soll.

Besonders groß ist die Kränkung, wenn du wegen einer anderen verlassen wurdest. Je nachdem, wie intensiv das Liebesgefühl war und wie die Menschen persönlich »gestrickt« sind, haben manche in solchen Momenten auch Selbstmordgedanken. Sie kommen oft ohne fremde Hilfe nicht darüber hinweg. Für Jugendliche gibt es dafür spezielle Beratungsstellen (Adressen dazu findest du ab Seite 160).

Im Normalfall aber werden der Schmerz und die Trauer um die verlorene Liebe irgendwann vorbei sein. Dennoch müssen die meisten nach dem Schock erst einmal mit einem Wirrwarr von Hass und Wut, Verzweiflung, Angst und Selbstzweifel umgehen. Die Symptome des Liebeskummers sind fast immer die gleichen: Man kann nicht mehr schlafen, nicht mehr essen, sich auf nichts konzentrieren und fühlt sich wie zerbrochen. Alles ist irgendwie leer.

Wenn du in diese Situation kommst, ist es gut, wenn du jemanden hast – eine Freundin, eine Schwester oder deine Mutter –, bei dem du dich richtig ausweinen kannst. Du brauchst dich nicht zusammenzureißen. Weinen ist sehr gesund und in solchen Fällen ganz besonders. Tränen lösen den aufgestauten Druck und helfen dir, das seelische Gleichgewicht wiederzufinden. Das gilt auch für andere Gefühlsprobleme, zum Beispiel bei Ärger in der Schule: Wer jede feuchte Aufwallung unterdrückt und sich niemals auch nur ein bisschen gehen lässt, läuft Gefahr, krank zu werden. Das machen dir genügend Erwachsene vor. Wer beispielsweise immer alles hinunterschluckt, bekommt irgendwann ein Magengeschwür.

Tränen sind ein hochkomplizierter Cocktail aus vielen verschiedenen Zutaten: Sauerstoff, jede Menge Mineralien, Vitamine, Enzyme und ganz viele verschiedene Arten von Eiweiß. Je nachdem, wodurch die Tränen ausgelöst wurden, ist die Mixtur anders. Mit dem Weinen befreit sich der Körper zugleich von schädlichen Stoffen, die bei Stress und Kummer im Körper gebildet werden. Also: Ohne falsche Scham heraus damit! Die wegen einer unglücklichen Liebe vergossenen Tränen füllen ein ganzes Meer und deine sollten ruhig mit hineinfließen.

Versuche nicht zu verleugnen, dass du verlassen wurdest. Das ist unrealistisch und verlängert deine Leidenszeit nur. Meist war die Beziehung wirklich nicht das Richtige oder hatte schon länger einen Knacks. Und immer sind beide am Ende beteiligt, auch wenn man das vielleicht nicht immer wahrhaben möchte. Selbsterkenntnis befreit von Ballast – allerdings nur langsam und unter Schmerzen. Aber: Sie macht den Weg frei für die nächste Liebe. Und mit der wird ganz bestimmt alles anders.

Wie werde ich mit meiner Eifersucht fertig?

Niemand, der liebt, ist vor Eifersucht gefeit. Und auch vor Untreue nicht. Wer sich von seinem Partner betrogen sieht, reagiert fast immer eifersüchtig. Also gibt es wohl kaum jemanden, der in seinem Leben davon verschont bleibt. Eifersucht kann wie ein Fieber sein, ständig laufen im Kopf dieselben Bilder ab: Man sieht ihn, wie er mit der anderen »herummacht«, sie liebt, mit ihr viel netter, lieber und fröhlicher ist, mit ihr Dinge tut, die er mit einem selbst noch nie getan hat. Mal ganz davon abgesehen, ob das wirklich stimmt, man wird diese Vorstellungen einfach nicht los. Diese Bilder treiben einen zu Hass, Wut, Angst, Neid und Selbstzweifel.

Diese dunkle Seite der Liebe entspringt dem Gefühl, dass uns etwas weggenommen wird und dass jemand, den wir lieben, uns mit einer anderen Person vergleicht und wir dabei schlechter abschneiden. Sie entspringt der Angst, mit der anderen nicht konkurrieren zu können und irgendwie dagegen machtlos zu sein, denn ein großer Teil des Geschehens spielt sich ja »hinter dem Rücken« ab – also ohne dass wir selbst dabei sind. Das gleicht einer elementaren Bedrohung. Und so reagiert in diesem Moment auch unser Körper: Er richtet sich sowohl auf Kampf als auch auf Flucht ein.

Die Kommandozentrale im Gehirn bringt dazu eine Kettenreaktion in Gang: Um den Organismus in höchste Alarmbereitschaft zu versetzen, muss die Nebenniere verstärkt Adrenalin – unser Selbstschutzhormon – ausschütten. Das Herz schlägt schneller, Gehirn und Muskulatur werden mit mehr Sauerstoff versorgt, kalter Schweiß kühlt den Körper. Der Appetit auf Essen verschwindet bei den meisten. Manche reagieren aber auch, indem sie anfangen, extrem viel zu essen. Das soll ihnen die verlorene Liebe ersetzen. Ziemlich sicher ist, dass dieses Verhalten nicht die Seele, sondern den Körper rund macht: Kummerspeck nennt man das treffend.

Während eifersüchtige Jungen und Männer dazu neigen, aggressiv zu werden und den Nebenbuhler anzugreifen oder ihm sonst einen Schaden zuzufügen, gehen Frauen mit List und Tücke vor, indem sie Intrigen gegen die andere spinnen. Sie verzeihen Untreue schneller, weil ihnen die seelische Verbundenheit meist wichtiger ist. Sie »kitten« oft da, wo es gar nichts mehr zu kitten gibt.

Für extreme Eifersucht ist oft mangelndes Selbstbewusstsein die Ursache. Eine gesunde Portion Selbstliebe schützt vor den selbstzerstörerischen Seiten dieses Gefühls. Dafür werden gerade in der Pubertät wichtige Grundsteine gelegt. Wenn du in diese Situation gerätst, solltest du also in erster Linie nett zu dir selbst sein. Mache nicht den Fehler dir einzureden, dich würde niemand mehr mögen oder jeder mit dem Finger auf dich zeigen. Versuche aber auch nicht, deine Eifersucht zu verdrängen, sondern die Situation zu verstehen. Ohne Verletzungen kommt kein Mensch durch das Leben.

Weine dich ruhig bei deiner Mutter, deiner Freundin oder einer völlig neutralen Person aus. Das hilft mehr, als sich für die vermeintliche Gegnerin etwas Böses auszudenken. Bleib lieber souverän, tu Dinge, die du gerne magst und die dich ablenken: Sport treiben, mit deinen Freundinnen ins Kino gehen, ein schönes Buch lesen, die nächsten Ferien planen oder für einen Kurztrip zu Verwandten fahren. Du bist schließlich die wichtigste Person in deinem Leben!

Wie kann ich ihn auf mich aufmerksam machen?

In der Kindheit waren deine Kontakte zu Jungen wahrscheinlich ganz normal und harmlos. Mit der Pubertät und den erwachenden Liebesgefühlen wird das alles komplizierter. Sobald du beginnst, dich für jemanden zu interessieren, wird es dir wahrscheinlich schwer fallen, in seiner Nähe unbefangen zu sein. Du beginnst in Gesten und Äußerungen etwas hineinzuinterpretieren, ohne zu wissen, was wirklich dahinter steckt. Du wirst viel Zeit damit zubringen, dir zu überlegen, wie etwas gemeint sein könnte und ob er sich – hoffentlich – auch für dich interessiert. Deine größte Angst ist, dass er dich womöglich für unattraktiv hält. Du fragst dich, wie er dich am tollsten findet, was du tun und anziehen solltest, um ihm zu gefallen. Was du tun kannst, damit er außer dir keine andere mehr ansieht.

Und du überlegst dir natürlich, wie du an ihn »herankommen« könntest. Die meisten Mädchen erwarten immer noch, dass der Junge den ersten Schritt tut. Das ist zwar verständlich, denn es ist einfacher: Wer gefragt wird, hat immer die Möglichkeit, ja oder nein zu sagen. Wer hingegen fragen muss, läuft Gefahr, eine Abfuhr zu erhalten. Du kannst dir sicher vorstellen, dass Jungen dadurch schon immer ganz schön unter Druck gestanden haben. Aber etliche Mädchen ergreifen heute ohnehin auch lieber selbst die Initiative.

Kein Mensch lebt und denkt für sich allein, sondern hat unbewusst immer mit im Kopf, wie andere etwas beurteilen. So ist das auch mit den Vorstellungen, die wir uns als Gesellschaft vom »richtigen« Verhalten von Mann und Frau machen. Jetzt, wo du in der Pubertät bist, wird es für dich eine bedeutende Rolle spielen. Früher war es ganz klar, dass Mädchen schwächer sind, mit Puppen spielen, sich lieb in alles fügen und häusliche Eigenschaften an den Tag legen. Von Jungen hingegen wurde Stärke und Draufgängertum erwartet, sie wurden von klein an darauf getrimmt, ihre Gefühle zu verbergen. Damit mussten beide Geschlechter einen Teil ihres Ichs verleugnen.

Heute werden die meisten Kinder zum Glück nicht mehr so erzogen. Doch obwohl wir heute alle wissen, dass Mädchen auch stark und klug und Jungen warm und zärtlich sind, können wir uns von den alten Ansichten noch immer nicht ganz lösen. Und so erwarten wir immer noch, dass der Mann den ersten Schritt tut und die Frau wartet, bis sie gefragt wird. Daraus entstehen viele Unsicherheiten für beide und es wäre toll, wenn du diesen Rahmen für dich durchbrichst. Allerdings solltest du nicht zuviel erwarten; nicht jeder Junge, für den du dich interessierst, wird wirklich etwas für dich sein. Jemanden zu mögen und gern mit ihm zusammen zu sein, ist schon so eine schöne Sache.

Das Wichtigste ist, dass du ganz du selbst bist und nicht etwas vorspielst, was du gar nicht bist. Es bringt nichts, jemanden anders nachzuahmen, den du bewunderst. Das wirkt nur gekünstelt und bringt dir gar nichts. Verhalte dich einfach so, wie dir zumute ist.

Es gibt eine Menge Dinge, mit denen du dein Interesse eindeutig signalisieren kannst: ihm in die Augen sehen, ihm zulächeln, ihm zuhören, herausfinden, wofür er sich interessiert, dich seiner Clique anschließen oder ihn ganz einfach zu irgendetwas einladen. Auf alle Fälle solltest du ihn wissen lassen, dass dir an seiner Gesellschaft gelegen ist. Selbst wenn es dich einige Überwindung kostet: Er kann schließlich keine Gedanken lesen.

Nicht gut wäre es, aus falsch verstandenem Stolz heraus so zu tun, als wäre der Junge Luft für dich, und womöglich noch mit deinen Freundinnen über seine vielleicht ungeschickten Annäherungsversuche zu kichern. Das verletzt ihn und verdirbt dir vielleicht alle Chancen. Du solltest nicht vergessen, dass auch Jungen eine außerordentlich schwierige Phase durchleben und genauso viel oder genauso wenig Erfahrung haben wie du.

Wie trenne ich mich von ihm, ohne ihn zu verletzen?

Treue wird unter Jugendlichen an sich groß geschrieben. Solange sie mit jemandem zusammen sind, halten sie sich auch daran. Aber in diesem Alter gibt es noch so viele Menschen und Formen der Liebe zu entdecken. Das gefährdet die Treue und führt dazu, dass Beziehungen wieder auseinander gehen. Es ist also völlig normal, wenn dir das auch passiert.

Wenn du schon einen neuen Freund hast, wird es dir leichter fallen, dich von deinem alten zu trennen. Du fängst an, beide miteinander zu vergleichen. Es kann sein, dass du deinen bisherigen Freund vor dir selbst und anderen nun schlecht machst. Damit versuchst du vermutlich, dir einen besseren Abgang zu verschaffen. Das ist zwar allgemein verbreitet, aber dennoch nicht die feine Art: Der Junge, mit dem du bislang zusammen warst, ist wahrscheinlich nicht schlechter als der, den du jetzt gefunden hast. Du hast nur bemerkt, dass ihr vielleicht doch nicht so gut zusammenpasst. Bei einem anderen Mädchen ist er sicher besser aufgehoben.

Hast du noch keinen neuen Freund gefunden, sondern nur kein Interesse mehr, mit deinem jetzigen zusammen zu sein, wird dir der Ablösungsprozess wahrscheinlich schwerer fallen. In beiden Situationen solltest du mit Bedacht vorgehen. Stell dir vor, was für dich selbst am schlimmsten wäre, wenn du an seiner Stelle wärest. Und vermeide ihm anzutun, was du selbst nicht wollen würdest. Das bedeutet: Sei so offen und ehrlich wie möglich, versuche, sein Selbstwertgefühl nicht zu verletzen. Und wenn du das Gefühl hast, das nicht zu können, kannst du ruhig einmal zu einer Notlüge greifen. Natürlich musst auch du sehen, dass du heil, gesund und so schnell wie möglich aus dieser Sache herauskommst.

Ist Liebe für Jungen und Mädchen das Gleiche?

Die Liebe ist unser mächtigstes Gefühl. Die Erwartungen, die wir an sie stellen, enden nicht selten in einem unauflöslichen Chaos. Wir erwarten zu viel von der Liebe und damit auch von unserem Partner. Oft haben Mädchen und Jungen völlig unterschiedliche Ansichten, was die Liebe angeht. Wenn es um Gefühle füreinander geht, tun sich bei einem Paar manchmal Abgründe auf, und du hast vielleicht das Gefühl, dein Freund käme von einem anderen Stern.

Beide Geschlechter sprechen eine andere Sprache – das scheint uns gewissermaßen in die Wiege gelegt zu sein. Frauen wollen verstanden werden, ohne dass sie ihre Wünsche direkt aussprechen müssen. Sie suchen eher die totale Nähe zum Partner und wollen alles mit ihm besprechen. Frauen sind auf Harmonie gepolt. Männer reden weniger gern über ihre Gefühle. Sie halten mehr Abstand und wollen sich nicht so gerne nach außen öffnen. Sie geben oft anderen Dingen mehr Raum als ihrer Beziehung. Das fassen Frauen leicht als Beweis mangelnder Liebe auf, was es aber gar nicht ist. Bei Männern geht es eher um Inhalte und Informationen, bei Frauen mehr um Vertrauen und Verständnis.

Von klein auf gehen Mädchen und Jungen unterschiedlich mit der Sprache um: Kleine Mädchen sind die besten Freundinnen, wenn sie pausenlos miteinander reden und sich Geheimnisse anvertrauen. Sie verhalten sich absolut gleichberechtigt, streben nach Harmonie und vermeiden Streitigkeiten. Kleine Jungen halten das anders: Sie unternehmen etwas gemeinsam, treiben Sport oder erleben gemeinsam Abenteuer. In ihren Gruppen herrscht eine klare Rangordnung und das Gespräch untereinander ist für sie nicht so wichtig.

So kommt es, dass Jungen und Mädchen in eurem Alter meist etwas anderes voneinander erwarten. Während du dir von deinem Partner also wünschst, dass er dein bester Freund ist und du ihm alles erzählen kannst, verlangt er etwas völlig anderes. Für ihn bedeutet Freundschaft, etwas miteinander zu tun – Fußball zu spielen etwa oder ins Kino zu gehen. Das kann für dich sehr enttäuschend sein. Aber wenn du bereits weißt, dass vieles bei dir anders ankommt, als es gemeint ist, und vor allen Dingen, dass es nicht persönlich gemeint ist, wird es dir leichter fallen, ihn zu verstehen.

Gehören Liebe und Sex zusammen, oder nicht?

Sexualität und Liebe sind zwei Vorgänge, die zwar zusammengehören, jedoch nicht miteinander verwechselt werden dürfen. Sexualität ist ohne Liebe möglich. Und Liebe kann sich ohne Sex entfalten. Die Sexualität wird aber in unserer Gesellschaft so hoch bewertet, dass die Liebe darüber manchmal völlig vergessen oder Sex mit Liebe verwechselt wird. Liebe kann die Voraussetzung dafür schaffen, dass die Sexualität an Klarheit, Schönheit und seelischer Freude gewinnt. Aber das eine muss nicht zwangsläufig mit dem anderen einhergehen.

Den meisten Mädchen geht es in ihren Liebesbeziehungen sehr häufig in erster Linie gar nicht um Sex. Sie sehnen sich vielmehr nach einem Menschen, der ihnen Zärtlichkeit schenkt und sie versteht. Sie möchten mit ihrem Freund Gedanken und Gefühle teilen, Probleme mit ihm besprechen können. Sie wollen mit ihm zusammen sein, so oft es geht, und möglichst viel gemeinsam unternehmen. Sie wollen vorrangig sein für ihn – nicht an letzter Stelle stehen nach Schule, Clique und Fußball. Mädchen träumen meist von mehr Nähe als Jungen.

Sex ist für sie vor allem eine Möglichkeit, ihm besonders nahe zu sein. Vielen jungen Mädchen ist die sexuelle Befriedigung selbst zunächst gar nicht von so großer Bedeutung, sie geben oft den Wünschen ihres Freundes nach, ohne es wirklich zu wollen, und trauen sich nicht, »nein« zu sagen. Sie möchten ihn nicht verlieren, nicht prüde, rückständig oder »uncool« wirken oder mit anderen mitreden können. Bei einer guten Beziehung gibt es aber eine Menge Dinge, die ein Paar zusammenschweißen, ohne dass sie miteinander schlafen müssen, wenn sie beide es nicht wollen oder einer von ihnen es nicht möchte.

Liebe und Sexualität nehmen zu unterschiedlichen Zeiten einen anderen Stellenwert ein. Manchmal glaubt man, Jungen sei Sex wichtiger als Liebe und bei Mädchen sei es umgekehrt. Sicher ist wohl, dass Jungen schlechter über ihre Gefühle sprechen können als Mädchen und in der Pubertät einen stärkeren Sexualtrieb haben, den sie ausleben wollen. Mädchen ist in dieser Zeit Liebe wichtiger als Sex. Es dauert eine Weile, bis sich das Verhältnis ausgleicht. Die meisten Menschen träumen davon, sich eines Tages in jemanden zu verlieben, mit dem sie die sexuelle Liebe und das ganze Leben genießen und zusammenbleiben können. Liebe lässt über die sexuelle Lust hinausdenken. Durch Liebe kann Sex noch erfüllender werden.

Ich möchte noch nicht mit ihm schlafen, ist das normal?
Alles, was du wirklich selbst willst oder nicht willst, ist völlig okay.

Warum haben Jungen es oft so eilig mit dem Sex?
Weil sie biologisch anders »gestrickt« sind und manchmal einen größeren Druck verspüren.

Gibt es Liebe ohne Sex?
Ja, ebenso wie Sex ohne Liebe!

Kann ich von Petting schwanger werden?
Nein, es sei denn, es gelangen irgendwie Samen in deine Scheide – etwa durch die Hände nach einem Samenerguss.

Soll ich ihm einen Orgasmus vortäuschen?
Bloß nicht, damit tust du ihm keinen Gefallen. Und dir selbst erst recht nicht. Außerdem: Es muss nicht jedes Mal ein Orgasmus sein!

Welche Stellung ist beim Sex die beste?
Jede, die dir und euch besonderen Spaß macht!

Können wir auf das Kondom verzichten, wenn ich die Pille nehme?
Besser nicht. Das hängt aber auch davon ab, ob ihr ein festes und treues Paar seid, wie lange ihr schon zusammen seid und mit welchen und wie vielen Menschen ihr vorher zusammen wart.

Welche Verhütungsmittel kommen für mich in Frage?
Ganz sicher der Vaginalring und die Pille, auf jeden Fall aber das Kondom!

Wie oft darf man sich selbst befriedigen?
So oft es Spaß macht!

Was soll ich tun, wenn ich schwanger bin?
Suche dir, so schnell es geht, Hilfe bei einer Beratungsstelle oder einem Arzt!

Ist der siebte Himmel der richtige Ort für Sex?

Viele junge Mädchen sind neugierig auf Sex, wollen aber trotzdem warten, bis sie »den Richtigen« gefunden haben. Wer das ist, lässt sich jedoch nur im Nachhinein sagen. Im Überschwang verliebter Gefühle lässt sich das meist schlecht beurteilen, weil sie ja erfahrungsgemäß oft so schnell vorbei sind, wie sie gekommen sind. Zur eigenen Sicherheit ist es also besser, mit Bedacht vorzugehen. Dass du dich unter Druck setzt mit dem Sex, wenn du dich noch nicht reif genug dafür fühlst, ist überhaupt nicht nötig. Du hast alle Zeit der Welt.

Die Sexualität hat zunächst einmal ja nicht nur die Funktion, uns Spaß zu machen, sondern dient Mensch und Tier zur Fortpflanzung. Sie sorgt dafür, dass Kinder gezeugt und damit die Menschheit erhalten wird. Damit das sicher klappt, hat die Natur es so eingerichtet, dass Sexualität Lust bereitet und ein starkes Verlangen auslöst.

Sexualität fördert eine enge Beziehung zwischen zwei Menschen und trägt dazu bei, dass sie eine Familie gründen. Die Sexualität lässt uns Gefühle der Liebe und Verbundenheit in einer Intensität und Stärke ausdrücken, wie es auf andere Weise gar nicht möglich ist. Sie ist eine ganz besondere Form, Nähe, Intimität und tiefe Gefühle mit einem anderen Menschen zu erfahren und zu teilen.

Und nicht zuletzt: Sex macht auch für sich alleine gesehen Spaß und ist eine überaus lustvolle Angelegenheit. Wer es schafft, seine Sexualität wirklich entspannt zu genießen, erschließt sich eine wichtige Kraftquelle. Entscheidend ist dabei, auf seine eigenen Wünsche und Vorstellungen zu hören und sich nichts aufzwingen zu lassen, was man nicht möchte. Sexualität und Zärtlichkeit in einer Beziehung sind mehr als nur miteinander zu schlafen. Der Wunsch nach Zärtlichkeit, nach Nähe und Wärme ist oft stärker als der Wunsch nach Sex. Um miteinander zu schlafen wollen sich viele Jugendliche erst gut genug kennen und miteinander vertraut sein. Die Sexualität soll sich ganz allmählich zwischen den beiden Partnern entfalten. Natürlich kann es ebenso sein, dass gleich am ersten Abend »die Post abgeht«, ohne dass weniger Liebe im Spiel wäre. Was für den einen schnell und übereilt ist, ist für den anderen unerträglich langsam, für einen Dritten aber genau richtig.

Empfindungen und Sehnsüchte treten bei zwei Menschen nicht zeitgleich auf. Es kommt deshalb darauf an, ein Tempo zu entwickeln, das beide Partner nicht überfordert, nicht zuviel erwarten lässt, nicht enttäuscht oder zu einem Über-sich-Ergehen-lassen führt. Jungen haben es oft eiliger als Mädchen, was kein böser Wille ist, sondern an ihrer eigenen Biologie oder ihrem sozialen Umfeld liegt – andere Jungs etwa, die mit ihren Schein-Erlebnissen angeben – und sie oftmals unter großen Druck setzt. Wichtig ist es, dass du dein eigenes Tempo findest. Und es ist in jedem Fall eine Bereicherung für eure Beziehung, wenn du deinem Freund sagen kannst, was du dir vorstellst, was du möchtest und was dir gut tut.
Sexualität ist etwas ganz Wunderbares und umso wichtiger ist es, unschöne erste Erlebnisse zu vermeiden.

Wann darf man miteinander schlafen?

Viele Mädchen fragen sich, wann sie alt genug sind, um mit einem Jungen richtig zu schlafen. Darauf gibt es aber keine endgültige Antwort. Bei Befragungen kommt häufiger heraus, dass Mädchen selbst meinen, so etwa 14 Jahre wäre »offiziell« ein guter Zeitpunkt, um sich näher mit einem Jungen einzulassen. Viele sagen dabei aber auch, dass sie selbst keine besondere Freude am Sex haben, ihn aber trotzdem mitmachen oder mitmachen würden, weil ihr Freund es so möchte. Das ist natürlich kein guter Anlass für eine im Prinzip so schöne Sache.

Jedes Mädchen muss für sich selbst herausbekommen, was es will und wann der beste Zeitpunkt für es ist. Die körperliche Entwicklung spielt dabei keine Rolle. Mit dem Einsetzen der Geschlechtsreife können theoretisch alle Menschen schon Geschlechtsverkehr haben. Doch die Geschlechtsreife tritt ja bei Mädchen gelegentlich schon ein, wenn sie sich noch wie ein Kind fühlen. Selbst wenn du aufgrund deiner körperlichen Entwicklung bereits ein Baby bekommen könntest, fühlst du dich ja noch lange nicht als erwachsene Frau. Die geistig-seelische Reife spielt also eine größere Rolle für den richtigen Zeitpunkt. Entscheidend ist, dass du dich reif genug für das Ausleben deiner eigenen Sexualität fühlst und dass du diesen wichtigen Schritt wirklich aus innerer Überzeugung bejahst. Denn du stellst damit ja auch die Weichen für ein erfülltes sexuelles Leben.

Wenn man miteinander schläft, treten viele Schwierigkeiten deshalb auf, weil einer von beiden innerlich noch nicht dazu bereit ist und es eigentlich gar nicht möchte. Das trifft ganz besonders für das erste Mal zu. Der Druck, miteinander zu schlafen, kann aus den unterschiedlichsten Ecken kommen: vom Freund oder vom Freundeskreis, von dem du denkst, es hätten schon alle »hinter sich« und würden insgeheim über dich lachen. Manchmal sind es auch Eltern, Lehrer oder andere Erwachsene, die dir in irgendeiner Form ihre Erwartungen signalisieren.

Die Gründe, miteinander zu schlafen, die in diesem Zusammenhang oft genannt werden, sind der stärkere sexuelle Druck von Jungen und die Tatsache, dass viele Jungen es lieber und öfter wollen als Mädchen. Das mag zum einen daran liegen, dass sie »biologisch anders gestrickt« sind, andererseits aber auch daran, dass alle Welt von ihnen erwartet, dass sie sich sexuell »austoben«. Im Jugendalter haben die meisten Jungen bereits Erfahrungen mit ihrer Sexualität und vor allem mit Selbstbefriedigung. Bei Mädchen trifft das nicht zu, sie entdecken ihre Sexualität oft erst wesentlich später. Das kann wiederum dazu führen, dass einige Mädchen sich nicht trauen, das zu tun, wonach ihnen der Sinn steht.

Unterschiedliche Erwartungen lassen sich also ganz offenbar nicht vermeiden. Deswegen ist es so enorm wichtig, dass du versuchst, deinen eigenen Standpunkt herauszufinden und auf deine innere Stimme zu hören. Das muss ein Paar natürlich miteinander klären. Über die unterschiedlichen Erwartungen zu sprechen heißt aber nicht, sich zur Meinung des anderen überreden zu lassen. Im Zweifelsfall hat immer derjenige Vorrang, der etwas nicht möchte. Doch wenn ihr einander besser versteht, Sorgen und Ängste begreift, miteinander teilt, Sehnsüchte, Fantasien und sexuelle Wünsche einschätzen lernt, tut ihr viel für die Tiefe eurer Beziehung. Daraus kann dann jene vertrauensvolle Atmosphäre entstehen, in der du dich der sexuellen Liebe gerne öffnest.

An das »erste Mal« werden eben auch besonders viele Erwartung geknüpft. Es ist umrankt von Märchen aus »Tausendundeiner Nacht«, von Schauergeschichten, Horrorstorys und fantastischen Bildern. Das gilt wiederum auch ganz besonders für Mädchen und ist wohl noch ein Überbleibsel aus alten Tagen: Mädchen werden mit dem »ersten Mal« zur Frau »gemacht« – was natürlich Unsinn ist, denn zum Frausein gehört ja nun wirklich mehr, als einmal mit einem Mann geschlafen zu haben. Diese Vorstellung diente wohl einstmals eher dazu, dass Mädchen sich für den einen und einzigen Mann, ihren Märchenprinzen, aufheben. Sie sollten – trotz erwachender sexueller Gefühle – bis zur Hochzeitsnacht warten, um ihrem Mann ihre Jungfräulichkeit zu schenken. Für Männer ist das dann wiederum etwas, worauf sie stolz sind, weil es ihrer Männlichkeit schmeichelt. In manchen anderen Kulturen ist das heute noch so.

Manche Männer glauben, es sei ein ganz besonderer sexueller Genuss, ein Mädchen zu entjungfern. Bei Erwachsenen spricht eine solche Einstellung für eine nicht gelungene Beziehung zur eigenen Sexualität. Wir könnten sie auch krank nennen. Wenn du aus dem deutschsprachigen Kulturkreis stammst, ist die Entjungferung in deiner Erziehung wohl kein Thema mehr gewesen. Es sei denn, du gehörst einer bestimmten Religion an oder wächst in einer entlegeneren Gegend auf, wo sich viele alte Bräuche noch bis heute halten. Auch für Mädchen, die anderswo geboren wurden, etwa in der Türkei, in Italien oder Jugoslawien, oder deren Eltern von dort stammen, ist Jungfräulichkeit heute noch von großer Bedeutung.

Daraus kann sich für dich ein Konflikt ergeben, der nicht leicht zu lösen ist. Einerseits möchtest du tun, was viele moderne junge Mädchen tun, andererseits ist es für dich wichtig, nicht »aus dem Rahmen zu fallen«, der dich umgibt. Für dich ist es ganz besonders schwer, einen eigenen Weg zu finden. Möglicherweise wirst du mit deiner Familie nicht darüber reden können. Deshalb suche ruhig eine Beratungsstelle auf, in der du dich über deine ganz speziellen Probleme aussprechen kannst (Adressen findest du ab Seite 160). Die Beratungspersonen, die dort arbeiten, haben sich zum Stillschweigen verpflichtet. Sie können aber auch mit deinen Eltern sprechen, wenn du es für sinnvoll hältst. Du musst nicht alles mit dir alleine ausmachen. Und denke doch einfach daran, dass dein Leben erst anfängt und du noch jede Menge Zeit hast, dich zu entscheiden, wann du was und mit wem tun möchtest.

Als »Beweismittel« für die Unberührtheit gilt zu Unrecht das unzerstörte Jungfernhäutchen. Dieser weiche Hautkranz am Scheideneingang hat eine dehnbare Öffnung. Bei vielen Mädchen übersteht dieses Häutchen die erste Liebe unbeschadet. Bei nicht wenigen ist es so weich, dass es gar nicht weiter in Erscheinung tritt. Bei

Kindern hat es die Funktion, Scheide und Gebärmutter vor dem Eindringen von Krankheitskeimen zu schützen. Mit Eintritt der Pubertät beginnt es allmählich, sich ganz natürlich zurückzubilden. Du solltest dir also auf keinen Fall von irgendjemandem ein schlechtes Gewissen einreden lassen, wenn das bei dir der Fall ist.

Dennoch bleibt es natürlich dabei, dass das »erste Mal« etwas ganz Besonderes ist – vor allem was die seelische Seite angeht. Sexuelle Lust und Wohlbehagen stellen sich nicht wie ein Paukenschlag ein. Viele Jugendliche berichten von körperlichen Schmerzen, Nervosität, Stress, zu wenig Zärtlichkeit, zu wenig Zeit und zu wenig Verständnis füreinander. Meist sind zwei unerfahrene junge Menschen zusammen, die erst noch lernen müssen, wie ihre Sexualität am schönsten zur Entfaltung kommt. Die Angst, etwas falsch zu machen oder nicht ungestört zu bleiben, kann ihnen die erste Erfahrung sehr erschweren.

Die »Liebestechniken« werden dabei übrigens ganz schön überschätzt. In dem Moment, wo sich wirkliche sexuelle Lust einstellt und das Paar sich aufeinander einlässt, findet es meist automatisch seine eigenen Liebesspiele heraus. Sich auf sich selbst und einen anderen Menschen einzulassen erfordert Zeit. Beide Partner sollten sich wirklich reif genug dafür fühlen. Sobald sich die sexuelle Lust einstellt, geht dann meist sowieso alles seinen Gang. Vorher muss allerdings natürlich die Frage der Verhütung geklärt sein. (Mehr darüber ab Seite 88.)

For the very first time – was passiert dabei?

Sexuelle Liebe hat viele Spielarten. Sie richtet sich nach Lust, Laune und dem, was beide Partner zulassen wollen. Viele Menschen – vor allem Erwachsene – machen den Fehler, Sexualität immer mit Geschlechtsverkehr gleichzusetzen. Alles, was zwei Menschen aus sexueller Lust miteinander tun, ist gelebte Sexualität. Bei jungen Menschen fängt es meist mit Petting an. Damit ist das intensive Küssen und Streicheln des ganzen Körpers gemeint, vor allem aber auch von Brüsten, Kitzler und Scheide beim Mädchen und Glied und Hoden beim Jungen. Der Körper ist voller so genannter erogener Zonen, die einen bei Berührung lustvoll erschaudern lassen. An welchen Stellen es für dich am schönsten ist, musst du erst langsam herausfinden.

Der sexuelle Hautkontakt, bei dem ihr den Körper des anderen erkundet und entdeckt, kann sehr aufregend und prickelnd sein. Wer intensiv schmust, sich an den richtigen Stellen streichelt und genügend sexuell erregt ist, kommt dabei auch zum Höhepunkt. Für den Geschlechtsverkehr ist das die beste Übung. Wenn ihr euch noch auf Petting beschränkt, könnt ihr euch mit der Verhütung noch Zeit lassen, bis ihr wirklich miteinander schlafen wollt. Ihr müsst jedoch aufpassen, dass beim Liebesspiel keine Samen in den Bereich des Scheideneingangs gelangen – etwa durch die Hände nach einem Samenerguss. Wenn ihr dann irgendwann richtig miteinander schlafen möchtet, solltet ihr das Verhütungsproblem gelöst haben.

Rein »technisch« gesehen, unterscheidet sich der Geschlechtsverkehr vom Petting dadurch, dass der Mann sein Glied in die Scheide der Frau einführt. Ist ein Mann sexuell erregt, versteift sich sein Glied, weil es sich mit Blut füllt. Es richtet sich so auf, dass es vom Körper absteht. Für Mädchen, die das noch nie gesehen haben, kann das anfangs etwas bedrohlich aussehen. Das liegt unter anderem daran, dass man zwar überall in den Zeitschriften nackte Frauen sehen kann, aber fast nie nackte Männer mit aufgerichteten Gliedern. Für lustbetonte Frauen kann dieser Anblick allerdings sehr erregend sein.

Bei der Frau schwillt der Kitzler an und richtet sich ebenfalls etwas auf. Die Scheide wird bei sexueller Erregung feucht, damit das steife Glied in die Scheide gleiten kann. Will dann ein Paar miteinander schlafen, führen Mann oder Frau das Glied meist mit einer Hand in die Scheide ein. Scheide und Glied passen zusammen wie Schloss und Schlüssel. Ein aufgerichtetes Glied ist normalerweise etwa zwölf bis fünfzehn Zentimeter lang, die Scheide passt sich dieser Größe bei Erregung an, indem sie sich etwas dehnt oder zusammenzieht. Ist das Glied in die Scheide eingedrungen, bewegen sich beide miteinander so, dass sich das Lustgefühl noch weiter steigert. Für fast alle Frauen ist es wichtig, dass ihr Kitzler dabei gestreichelt wird. Das ist aber auch von der Stellung abhängig.

Die meisten Paare schlafen in der »Missionarsstellung« miteinander. Dabei liegt die Frau auf dem Rücken, der Mann Bauch an Bauch auf der Frau und dringt von vorne in sie ein. Diese Stellung war wohl lange Zeit so populär, weil die Menschen ihrer Fantasie keinen freien Lauf ließen. Ein Paar kann aber in allen nur denkbaren Stellungen liegen, sitzen, stehen oder sonst tun, was ihm gerade Spaß macht. Bei manchen Stellungen wird beispielsweise der Kitzler gleichzeitig automatisch mehr gereizt als bei der »Missionarsstellung«, bei wieder anderen kann sich der Mann besonders kraftvoll bewegen. Was als am angenehmsten und am lustvollsten empfunden wird, hängt von persönlichen Vorlieben und Gegebenheiten ab.

Weder Petting noch Geschlechtsverkehr müssen zwangsläufig mit einem Orgasmus enden. Bei Mädchen steigert sich die sexuelle Reaktionsfähigkeit ohnehin meist erst langsam. Die Fähigkeit, einen sexuellen Höhepunkt zu erlangen, muss sich oft erst entwickeln. Jungen hingegen bekommen relativ rasch einen Orgasmus. Obwohl man heute darüber diskutiert, ob es nicht einen Unterschied zwischen Samenerguss und Orgasmus gibt: Ein Samenerguss – der Ausstoß der Samenflüssigkeit – wäre danach eine eher körperliche Sache, bei der die Seele nicht beteiligt sein muss. Bei einem Orgasmus dagegen sind Körper, Geist und Seele miteinander auf dem Höhenflug.

Man tut Männern unrecht, wenn man glaubt, für sie sei sexuelle Liebe nur eine Sache der persönlichen Befriedigung. Sie geben nur leider viel zu selten zu, dass ihnen wichtig ist, mit einer Frau – und zwar genau mit dieser und keiner anderen – zusammen zu sein und mit ihr intime und intensive Nähe zu teilen. Sie sind sehr leicht verunsichert, weil sie das Gefühl haben, sie dürften sich keine Blöße geben, nicht passiv und einfühlsam sein. Gelingt es ihnen, sich ihrer Partnerin nicht nur körperlich, sondern ebenfalls seelisch hinzugeben, erleben auch sie eine ganz besondere sexuelle Qualität. Bei Frauen ist das anders, weil sie meist keine Trennung von körperlicher und seelischer Hingabe machen. Für sie ist oftmals zärtliches und nahes Beisammensein genauso wichtig wie Sex.

Wie fühlt sich ein Orgasmus an?

»Jede Zelle meines Körpers tanzt« – hat einmal jemand den Orgasmus beschrieben. Es ist eine Entladung der Muskel- und Nervenanspannung auf dem Höhepunkt der sexuellen Erregung. Dieser intensive Moment der schönen Gefühle wird von jedem Mädchen, jeder Frau anders empfunden. Auch von Mal zu Mal kann es ganz verschieden sein. Doch die Vorgänge im Körper sind immer die gleichen.

Die körperlichen und seelischen Reaktionen bei sexueller Erregung sind bei Mann und Frau in vielen Punkten gleich. Bevor es zu einem Höhepunkt kommt, steigert sich die Erregung stetig. Der Atem geht schneller, das Herz schlägt rascher, der Körper wird stärker durchblutet. Die Brustwarzen richten sich auf. Die Haut am ganzen Körper wird rosig und beginnt zu schwitzen. Vor dem Höhepunkt gibt es eine Phase, in der sich die hochgradige Erregung mehrere Minuten lang hält, bis sie sich im Orgasmus entlädt.

Wenn Frauen beim Geschlechtsverkehr zum Höhepunkt kommen, geschieht das fast immer durch die direkte oder indirekte Berührung ihres Kitzlers. Durch die Bewegung des Gliedes verschiebt sich die Haut und der Kitzler wird auf diese Weise gerieben. Die meisten Frauen mögen es sehr, wenn er noch zusätzlich mit der Hand gestreichelt wird.

Zunächst ziehen sich die Muskeln, die den Scheideneingang umgeben, für einige Sekunden zusammen, dann zucken rhythmisch und unwillkürlich die Muskeln im Unterleib. Ein intensives Gefühl breitet sich aus, das manchmal fast weh tut. Das Wohlgefühl breitet sich im ganzen Körper aus. Während des Höhepunkts nimmt ein Mensch nur bedingt wahr, was um ihn herum vor sich geht. Frauen können rasch danach noch einmal einen oder mehrere Höhepunkte erleben.

Bei Mädchen und Frauen kommt der Höhepunkt eher auf leisen Sohlen. Er ist selten so berauschend, wie er gerne dargestellt wird. Deswegen glauben sie auch manchmal selbst gar nicht, dass sie einen Orgasmus hatten. Das Gefühl, das sich dabei einstellt, wird oft überschätzt. Manche Frauen erzählen, dass er sich ähnlich bemerkbar macht wie ein kräftiges Niesen und die wohlige Erleichterung danach. Wie sich ein Orgasmus anfühlt, kann man aber gar nicht so generell sagen. Das ist eine sehr persönliche Sache, von Frau zu Frau verschieden, von Tag zu Tag, von Alter zu Alter und von Partner zu Partner.

Beim Mann wird der Höhepunkt beim Geschlechtsverkehr durch das Reiben des Gliedes an den Scheidenwänden und das rhythmische Vor- und Zurückschieben der Vorhaut ausgelöst. Verstärkt wird dies durch das Zusammenziehen der Beckenbodenmuskeln der Frau. Aus dem Glied tritt nun schon Flüssigkeit aus, in der bereits Samenfäden sein können. Auch deshalb ist Verhütung von Anfang an wichtig!

Der Ausstoß der Samenflüssigkeit verschafft dem Mann Lust und Erleichterung. Dabei ziehen sich die Muskeln krampfartig zusammen, wodurch die Samen aus den Nebenhoden durch die Samenleiter zur Harnröhre gepresst werden. Die ersten Wellen sind dabei die stärksten und angenehmsten, die darauf folgenden weniger intensiv. Die Spannung entlädt sich in Sekunden. Das Glied wird schlaff und es dauert eine Weile, bis es wieder steif werden kann. Der Orgasmus wird bei den meisten Jungen von einem befreiten Aufstöhnen und einer sekundenlangen Bewusstseinstrübung begleitet.

Sex ist auch ohne Orgasmus schön. Die Jagd nach einem Orgasmus kann nämlich den ganzen Spaß am Sex verderben. Schätzungsweise 70 Prozent aller Frauen kommen beim normalen Geschlechtsverkehr nicht regelmäßig zum Orgasmus. Dass beide in der gleichen Sekunde den Gipfel der Lust erleben, ist so etwas wie das absolute Highlight beim Liebesspiel und meist nur für geübte Paare zu erreichen, die schon etwas länger zusammen sind. Der gemeinsame Orgasmus sollte ein Glückstreffer bei der Liebe sein. Wer Sex zum Leistungssport macht, wird dieses gemeinsame Glücksgefühl wohl kaum erleben.

Gefällt es ihm wirklich mit mir?

Viele Mädchen haben Angst, dass ihr Körper dem Jungen, mit dem sie ins Bett gehen, nicht gefällt oder dass sie ihn nicht befriedigen können. Das ist verständlich in einer so intimen Situation, in der jeder Mensch nackt und verletzbar ist und sich gewissermaßen innerlich und äußerlich zur Schau stellt. Meist können wir es nicht verhindern, uns auch von außen mit den Augen anderer Menschen zu betrachten. Besonders wir Frauen neigen dazu zu denken, andere sähen im Bett aus wie die Göttinnen und könnten die Männer besser befriedigen.

Dabei handelt es sich natürlich um ein Missverständnis. Denn andere sind ja auch nur Menschen aus Fleisch und Blut. Und um eine Frage der Finger- oder Zungenfertigkeit, der Technik also, handelt es sich kaum: Allein der natürliche Umgang mit der eigenen Sinnlichkeit erspart einem viel Kummer und Enttäuschung. Wer seinen Körper kennt und sich selbst mag, kann dem Partner sagen, wie es sein soll, kann aber ebenso annehmen, was der andere sich wünscht. Es liegt jedoch auf der Hand, dass es zu Beginn der sexuellen Erkundungszeit hier noch Ungleichheiten geben kann. Darüber zu reden, will ja auch gelernt sein.

Eine häufige Beschwerde von Jungen und Männern ist, dass ihre Partnerinnen sich scheuen, bestimmte Wünsche zu erfüllen – etwa das Glied mit dem Mund zu liebkosen oder ihn am After anzufassen. Manche Dinge findest du sicher ebenfalls anfangs gewöhnungsbedürftig. Das geht den meisten Frauen so und hemmt sie oft. Andererseits musst du Dinge, die dir nicht geheuer sind, auch nicht machen oder dich daran gewöhnen, wenn du sie nicht wirklich willst. Du solltest dir in diesem Bereich von Anfang an zur Regel machen, nur zu tun und zuzulassen, was dir selbst bekömmlich ist. Dann kann sich deine sexuelle Experimentierfreudigkeit sicher am besten entfalten. Wenn nicht, ist es genauso okay. Menschen sind einfach unterschiedlich.

Wenn du deinen Partner spüren lässt, was dir gut tut, und er deine sexuelle Erregung merkt, hat er ganz sicher Spaß an dir und mit dir. Er wird versuchen, auf deine Wünsche einzugehen, um deine Freude zu steigern. Umgekehrt wird er dir dann auch durch Worte oder erotische Signale mitteilen, was er besonders schön und erregend findet.

Mir sind bestimmte sexuelle Ausdrücke unangenehm; bin ich verklemmt?

Die deutsche Sprache ist in Sachen Sex und Liebe nicht besonders einfallsreich. Uns fehlen tatsächlich die Worte. Es gibt entweder die abgehobene medizinische Sprache, das eher offizielle Hochdeutsch oder die wenig liebevolle, vulgäre und oft frauenfeindliche Straßensprache. Sie hat in den vergangenen Jahren mehr und mehr Einzug in die Umgangssprache und in die Medien gehalten. Kaum ein »schmutziges« Wort, das heute noch tabu ist. Die Wörter »Arsch« und »Scheiße« beispielsweise, die man früher nicht aussprach, wenn man etwas auf sich hielt, und die man heute selbst in den Zeitungen zuhauf lesen kann, zählen dabei noch zu den harmlosesten.
Wer bestimmte Wörter der Straßensprache nicht benutzen mag,

muss sich auf keinen Fall schämen, denn sie sind meist wirklich nicht sehr schön. Sie werden auch nicht feiner dadurch, dass sie heute von vielen Menschen benutzt werden.
Es kommt vor allem darauf an, dass die Ausdrücke zur jeweiligen Situation passen. Es ist nicht einfach, für sich selbst eine brauchbare Sprache daraus zu entwickeln. Ein denkbares Modell, mit dem man nie daneben liegt und liebt, wäre zum Beispiel:

- die medizinische Fachsprache wie Vagina, Penis und Koitus einfach nicht benutzen
- zum Besprechen sexueller Themen in der Öffentlichkeit die hochdeutschen Worte verwenden – also etwa mit Freundinnen oder in der Schule von Geschlechtsverkehr, Selbstbefriedigung, Glied und Scheide sprechen
- für den täglichen Umgang zu Hause oder mit Mädchen liebevolle Eigenschöpfungen für Körper und Sex finden
- und beim Sex selbst – wenn es Spaß macht und die Erregung steigert – ruhig auch mal mit den Worten richtig hinlangen; deftige Äußerungen können beim Liebesspiel manchmal sehr anregend wirken

Hier eine Übersicht der wichtigsten Ausdrücke:

- Geschlechtsverkehr:
  medizinisch: Koitus
  umgangssprachlich: sich lieben, Liebe machen, vögeln, bumsen, ficken, poppen
- Höhepunkt:
  medizinisch: Orgasmus
  umgangssprachlich: Gipfel, abheben, kommen
- Sex ohne Geschlechtsverkehr:
  medizinisch: Liebesspiel
  umgangssprachlich: Petting, fummeln, schmusen
- Die weiblichen bzw. männlichen Geschlechtsteile mit dem Mund liebkosen:
  medizinisch: Cunnilingus bzw. Fellatio

umgangssprachlich: blasen, blow job, neunundsechzig, französisch, lecken

- Selbstbefriedigung:
  medizinisch: Masturbation, Onanie
  umgangssprachlich: wichsen, orgeln, sich einen herunterholen, es sich selber machen
- Scheide:
  medizinisch: Vagina
  umgangssprachlich: Muschi, Möse
- Kitzler:
  medizinisch: Klitoris
  umgangssprachlich: Perle, Muschel
- Glied:
  medizinisch: Penis
  umgangssprachlich: Schwanz, Pimmel, Ständer, Schniedelwutz
- Gliedversteifung:
  medizinisch: Erektion
  umgangssprachlich: einen Steifen, eine Latte haben
- Hoden:
  medizinisch: Testes
  umgangssprachlich: Eier
- Samenerguss:
  medizinisch: Ejakulation
  umgangssprachlich: abspritzen, kommen

Mir macht Sex keinen Spaß; bin ich nicht normal?

Fast jeder Mensch hat im Laufe seines Lebens auch mal Probleme mit der Sexualität. Die meisten sind gar keine echten Probleme, sondern entstehen aus der Erwartung, Frau und Mann müssten zu jeder Tageszeit, in jeder Lebenslage und unter allen Umständen Lust auf Sex und auch einen Orgasmus haben.

Viele Mädchen, die sehr jung sind oder noch wenig Erfahrung mit ihrer Sexualität und dem Miteinanderschlafen haben, finden oft wenig Spaß daran. Das ist überhaupt nichts Ungewöhnliches. Sie haben zwar Freude am Beisammensein und den Zärtlichkeiten, werden jedoch vielleicht nicht feucht und haben Panik vor dem Moment, in dem der Junge in sie eindringen will. Andere haben Schmerzen beim Verkehr oder verkrampfen sich. Wieder andere kommen gar nicht oder nur schwer zum Orgasmus. Die Ursachen dafür können vielfältig sein: der falsche Partner, der falsche Zeitpunkt, zu wenig Ruhe, ständige Störungen, wenig Erfahrung mit sich selbst, kein ungestörter Raum, die Sorge, schwanger zu werden oder sich mit Aids anzustecken.

Am besten ist es, mit dem Partner darüber zu sprechen. Manche Probleme lösen sich in dem Moment schon von selbst, andere lassen sich durch Abwarten aus der Weit schaffen. Wenn du einen Partner hast, dem du vertraust, versuche nicht ihm etwas vorzumachen – etwa indem du ihm einen Orgasmus vorspielst. Möglicherweise ist dir das Vorspiel nicht lang genug oder dein Kitzler wird nicht genügend stimuliert. Oder vielleicht hast du schlicht und ergreifend keine Lust.

Wenn du merkst, dass deine Angst immer schlimmer wird und du dich zu sehr verkrampfst, hilft es, eine Weile völlig auf den Sex zu verzichten. Vielleicht hast du ja Spaß daran, dich selbst zu befriedigen und deine sexuellen Vorlieben und Wünsche dabei kennen zu lernen. Auf keinen Fall musst du dir Sorgen machen oder glauben, du seist frigide oder gefühlskalt. Allen Gerüchten zum Trotz: Diese beiden Zustände gibt es gar nicht, sie sind nur eine dumme Erfindung aus alten Tagen. Lass dir Zeit, deinen eigenen Weg zu finden.

Dürfen sich Mädchen auch selbst befriedigen?

Früher glaubte man, Selbstbefriedigung sei schädlich. Heute wissen wir, dass das der blanke Unsinn ist. Doch ganz offenbar hat sich das immer noch nicht ganz herumgesprochen. Das liegt sicher auch daran, dass ein großer Teil der Erwachsenen – etwa deine Großeltern – noch in dem Bewusstsein aufgewachsen ist, dass Selbstbefriedigung als etwas ganz Schlimmes gilt. Früher wurden Jugendliche sogar bestraft, wenn sie dabei erwischt wurden. Sich selbst mit der Hand sexuelle Lust zu bereiten, ist jedoch weder unmoralisch noch gesundheitsschädlich. Im Gegenteil: Selbstbefriedigung ist eine ganz normale Spielform der Sexualität und hat eine ganze Reihe von guten und sogar gesunden Eigenschaften.

Die meisten Menschen erleben ihre ersten sexuellen Erfahrungen bei der Selbstbefriedigung. Es ist ganz sicher eine gute Gelegenheit, sich selbst kennen und lieben zu lernen, sich selbst anzunehmen, Lust und Gefallen am eigenen Körper zu finden. Jugendlichen ermöglicht sie, sexuelle Erfahrungen mit sich selbst zu sammeln, sich aber Zeit und Muße bei der Partnersuche zu lassen.

Jungen entdecken die Selbstbefriedigung relativ schnell, nachdem sie ihren ersten unwillkürlichen Samenabgang hatten. Es ist für sie die beste Möglichkeit, »Dampf abzulassen«, weil ihr Sperma manchmal förmlich auf »Entladung drängt«. Für Mädchen ist es ebenfalls eine sinnvolle Erforschung des eigenen Körpers. Viele Mädchen lernen erst so, ihre eigene Sexualität zu entwickeln und einen Orgasmus zu haben. Es ist eine wesentliche Erfahrung, die es ihnen ermöglicht, ihre Sexualität mit einem Partner selbstbewusster und entspannter zu genießen, ihm zu sagen, was sie in der Liebe besonders schön finden, was und wo es ihnen am meisten Spaß macht. Allerdings kommen Mädchen oft nicht auf die Idee, dass diese Form der Eigenliebe etwas für sie selbst sein könnte. Es gibt keinen Grund sich zu schämen, wenn man sich selbst befriedigt.

Selbstbefriedigung ist überdies für all diejenigen eine Möglichkeit, Sexualität auszuleben, die gerade keinen Partner haben, deren Partner nicht da ist, die Schwierigkeiten mit ihrem Partner haben, die andere Vorstellungen über die Häufigkeit von Sex haben als der Partner. Manchen Paaren macht es Freude und stärkt die sexuelle Lust, sich gegenseitig dabei zu beobachten. Bei der Selbstbefriedigung kann sich auch die Fantasie voll austoben.

Frauen streicheln dabei ihre Brüste und massieren ihren Kitzler, manche stecken sich auch noch einen Finger in die Scheide und bewegen ihn hin und her. Männer befriedigen sich selbst, indem sie ihr Glied mit der Hand rhythmisch reiben, so wie es für sie am lustvollsten ist. Meist wird dabei die Vorhaut hin- und hergeschoben. Selbstbefriedigung kann so oft betrieben werden, wie es Spaß macht und wie die Geschlechtsorgane es mitmachen, ohne wund zu werden.

Selbstbefriedigung darf allerdings nicht dazu führen, dass du dich immer mehr zurückziehst. Falls du das tust, obwohl du eine feste Partnerschaft hast, ist das ein Zeichen dafür, dass mit euch beiden etwas nicht in Ordnung ist und du dich aus der Beziehung ausklinkst.

Ich mag Mädchen eigentlich lieber; bin ich lesbisch?

In der Pubertät machen viele Heranwachsende sexuelle Erfahrungen mit dem gleichen Geschlecht. Vor allem bei Jungen kommt es vor, dass sie sich gemeinsam selbst befriedigen oder sich gegenseitig befriedigen. Sie stehen manchmal unter einem erheblichen sexuellen Druck, den sie auf jede erdenkliche Art loszuwerden versuchen. Aber auch Mädchen haben innige Beziehungen zueinander, die sexuelle Befriedigung nicht ausschließen. Man geht heute davon aus, dass dies eine Art Testphase in einer ganz normalen Entwicklung ist. Nicht jeder Jugendliche, der die gleichgeschlechtliche Liebe kennen lernt, ist gleich homosexuell. In den meisten Menschen scheint die Möglichkeit angelegt zu sein, sich zu beiden Geschlechtern hingezogen zu fühlen. Manche pendeln ihr Leben lang zwischen den Männern und Frauen hin und her. Das nennt man bisexuell.

Ein gewisser Prozentsatz liebt ausschließlich das eigene Geschlecht und bleibt auch dabei. Erst dann, wenn sich das sexuelle Verlangen ausschließlich auf das eigene Geschlecht hin verlagert, spricht man von Homosexualität. Der Begriff kommt vom Griechischen »homos« für »gleich« und dem Lateinischen »sexus« für »Geschlecht«. Die Homosexualität ist eine menschliche Lebens- und Liebesform. Sie ist sicher nicht weniger schön und beglückend als die Liebe zwischen Mann und Frau. Auch sexuell bleibt sie nicht weniger lustvoll und erfüllt. Homosexuelle Frauen nennt man lesbisch, homosexuelle Männer schwul.

Ganze Heerscharen von Forschern, Psychologen und sogar Theologen haben sich den Kopf darüber zerbrochen, woher die homosexuelle Neigung stammen könnte. Ob sie erblich ist, durch eine bestimmte Hormonkonzentration im Mutterleib oder durch die Erziehung zustande kommt, ist jedoch letztlich egal. Wichtig ist es, die Homosexualität als menschliche Ausdrucksform zu akzeptieren. Jeder Mensch hat das Recht, selbst zu entscheiden, wem er seine Liebe schenken möchte und auf welche Weise er seine Sexualität ausleben möchte.

Wenn du merkst, dass du Mädchen dauerhaft lieber hast als Jungen, wird dich das wahrscheinlich in eine Krise werfen, in der du aber zu deinen Gefühlen stehen musst, wenn du sie zulässt. Du wirst dich sicher einsam und verlassen fühlen, einfach schon deshalb, weil du nicht weißt, wem du dich anvertrauen sollst. Es ist zunächst schwer, unbefangen mit dieser Erkenntnis umzugehen und sie auch so den Eltern oder Freunden zu präsentieren. Vielen jungen Menschen fällt es nicht leicht, anderen einzugestehen, dass sie homosexuell fühlen.

Wir sind ja keine Einzelwesen, sondern einer Vielzahl von Einflüssen ausgesetzt. Auch unsere eigene Einstellung setzt sich aus dem zusammen, was wir jemals über ein Thema bewusst oder unbewusst mitbekommen haben. Eltern, Schule, Fernsehen, Medien, Werbung, Kirche und Politik bestimmen auf diese Weise indirekt auch unser Sexualleben mit. Du solltest dir vor Augen halten, dass Menschen, die Homosexuelle besonders scharf angreifen, oft Probleme haben, mit ihren eigenen sexuellen Neigungen fertig zu werden. Würden sie anderen Menschen nicht oftmals schaden, wären sie eigentlich zu bedauern.

Dass deine Eltern auf deine Mitteilung anfangs befremdet reagieren, solltest du zu verstehen versuchen. Denn es ist nicht zwangsläufig böse gemeint und gegen dich gerichtet. Sie werden einfach erst einmal Angst haben, dass es dir nicht gut gehen könnte, sie werden sich Sorgen machen, weil ein schwieriger Weg vor dir steht, sie werden sich Vorwürfe machen, dass sie in deiner Erziehung etwas falsch gemacht haben, und sie müssen auch die Träume vom Familienglück mit Schwiegersohn und Enkelkindern begraben.

Natürlich werden sie sich zudem damit auseinander setzen müssen, dass sie sich deinetwegen vor anderen schämen. Du solltest ihnen erklären, dass Homosexualität etwas Normales ist, dass viele bekannte und berühmte Menschen homosexuell sind, dass du dein Lebensglück an der Seite einer Partnerin suchst, die ihnen vielleicht gefallen wird, und vor allem kannst du ihnen klar machen, dass sie nicht »versagt« haben. Denn Eltern plagt natürlich vor allem auch die Sorge, sie selbst hätten etwas mit deiner Erziehung falsch gemacht.

Für dich selbst wäre es natürlich am besten, wenn sie dich nun ganz besonders liebevoll unterstützen. Erwarten kann man das allerdings erfahrungsgemäß nicht. Denn manchmal dauert der »Abfindungsprozess« der Eltern länger, als du mit deiner eigenen Entwicklung warten kannst.

Du solltest dich deshalb nicht scheuen, dir Hilfe oder Gleichgesinnte zu suchen. Du musst nicht allein alles durchmachen. Es gibt heute in allen großen und den meisten kleinen Städten spezielle Mädchen- und Frauengruppen, in denen du dich beraten lassen kannst.

Auch in den anderen Beratungsstellen findest du entgegenkommende und vorbehaltlose Hilfestellung. Wenn du mit offenen Augen durch die Welt gehst, wirst du wahrscheinlich bemerken, dass auch in deiner engeren Umgebung ein Mädchen oder eine Frau ist, die dir aus eigener Erfahrung etwas raten kann.

Manche Menschen merken schon relativ früh, dass sie homosexuell fühlen. Andere haben erst Kontakte zum anderen Geschlecht, bis ihnen selbst oder ihren Partnern schwant, dass ihnen das gar nicht so liegt. Seine eigene Homosexualität zu erkennen, geht nicht immer wie ein Paukenschlag, sondern ist oft ein langwieriger Prozess. Erst an dessen Ende steht das Sich-zu-seiner-Neigung-Bekennen, das Coming-out. Generell ist das Klima Homosexuellen gegenüber heute wesentlich aufgeschlossener als früher. Auch viele Prominente scheuen sich heute nicht mehr, zu ihrer Homosexualität zu stehen.

Wer sich nun dazu bekannt hat, möchte natürlich normal und entspannt so leben. Die Suche nach einer gleich gesinnten, festen Freundin kann im Jugendalter unter Umständen schwierig werden. Denn der Kreis der Mädchen, die dann als Partnerin in Frage kommen, ist ja wesentlich kleiner als jener der Jungen in deinem Alter. Außerdem gibt es anfangs wohl auch immer eine Phase des Umeinanderherumschleichens mit der bangen Frage im Kopf: »Ist sie auch so wie ich?« Nach einer Weile und mit wachsender Erfahrung bekommt man dafür Antennen, wer dazu gehört, und dann geht alles leichter. Manche Lesben signalisieren sich auch ohne Worte mit kleinen Gesten oder Erkennungszeichen, dass sie Lesben sind.

Homosexuell liebende Menschen erleben ihre Beziehungen genauso wie jeder andere Mensch auch. Sie suchen Wärme, Vertrauen, Geborgenheit, Liebe und Lust beieinander. Homosexuelle sind nicht beziehungsfähiger oder -unfähiger als andere. Es gibt überall Menschen, die eher kurzfristige Beziehungen bevorzugen, und solche, denen ein einziger Partner fürs Leben wichtiger ist. Ihnen ist durch den Gesetzgeber inzwischen die Möglichkeit gegeben worden, offiziell einen Bund für das Leben zu schließen, sich zu »verpartnern«.

Welche Verhütungsmittel sind für junge Mädchen geeignet?

Obwohl es heute Möglichkeiten gibt, sich wirksam vor einer Schwangerschaft zu schützen, gehen noch immer viel zu viele Mädchen unvorbereitet in den Geschlechtsverkehr. Manche sagen sogar, es seien inzwischen wieder wesentlich mehr als früher. Etliche von ihnen haben Pech und werden ungewollt schwanger. Auch die Zahl der Jugendschwangerschaften ist in den vergangenen Jahren wieder erheblich angestiegen.

Eine unerwünschte Schwangerschaft ist in jedem Alter eine Katastrophe, in der Pubertät aber ganz besonders. Natürlich ist es nachvollziehbar, dass ein Mädchen unverhofft in eine Situation hineinrutscht, in der Liebestaumel und Glücksgefühl die Verhütung vermeintlich unwichtig werden lassen oder in denen es gerade für ein junges Mädchen schwer ist, »Nein« zu sagen.

Doch das ist sehr gefährlich, denn ein einziger Verkehr reicht ja für eine Schwangerschaft aus. Überdies muss heute ebenfalls die Gefahr bedacht werden, sich beim Sex mit der tödlichen Immunschwächekrankheit Aids oder anderen Geschlechtskrankheiten anzustecken.

Vorsorge ist also unerlässlich. Und das ist ja auch heute gar nicht mehr problematisch: das Thema Verhütung ist kein Tabu mehr. Sicher wissen auch deine Eltern aus eigener Erfahrung darüber gut Bescheid. Gynäkologen und Familienberatungsstellen stehen mit Rat und Tat zur Seite. Sie unterliegen der Schweigepflicht und dürfen dich beraten, ohne dass deine Eltern davon etwas erfahren müssen – falls das für dich wichtig ist.

Kondome gibt es inzwischen völlig problemlos fast in allen Kneipen und Restaurants in Automaten zu kaufen – inzwischen auch auf Damentoiletten –, in Apotheken, Drogerien und vielen Verbrauchermärkten. Es gibt in einigen Großstädten sogar spezielle Kondomläden, die rund um die Uhr geöffnet haben: »Condomeria« heißen sie. Bei der Pro Familia kannst du erfragen, wo es solche Läden gibt. Hier kannst du dich ohne Scheu beraten lassen. Du kannst für unvorhergesehene »Liebesfälle« auch immer ein oder zwei Kondome für solche Gelegenheiten in der Handtasche haben (Haltbarkeit und Lagerungsvorschriften beachten).

Eine sorgfältige Verhütung ermöglicht es Jugendlichen, einander sexuell kennen zu lernen, ohne dass sie sich gleich aneinander binden müssen. Sie ist gerade für junge Mädchen die Chance, eine entspannte Sexualität ohne Angst vor Schwangerschaft zu erleben, eine Ausbildung zu ergreifen und einen Beruf zu haben. Bewusste Familienplanung hat aber noch eine ganz andere Dimension: Kinder können dadurch gewollt und erwünscht auf die Welt kommen. Und zwar dann, wenn die Mutter oder die Eltern ihnen die besten Lebensbedingungen bieten können.

Es gibt heute eine Reihe von modernen und sogar bequemen Verhütungsmethoden. Jede hat ihre Vor- und Nachteile und nicht alle sind für junge Mädchen bestens geeignet. Es muss von Frau zu Frau, nach Alter und Lebensgewohnheiten entschieden werden, welche Methode in Frage kommt. Für junge Mädchen steht Sicherheit selbstverständlich an erster Stelle. Die wichtigsten Verhütungsmittel sind deshalb der neue Scheidenring, die Pille und das Kondom, vor allem in Kombination miteinander.

Die Verhütung mit Hormonen gilt als der zuverlässigste Schutz vor einer Schwangerschaft. Außerdem ist sie einfach anzuwenden. Deshalb werden insbesondere Scheidenring und Pille für Mädchen und junge Frauen empfohlen. Dennoch sind und bleiben sie hochwirksame Medikamente aus künstlichen Hormonen mit seltenen, aber möglichen Nebenwirkungen. Aus diesem Grund müssen sie vom Arzt verschrieben werden. Er sollte sich zweimal im Jahr davon überzeugen, dass keine Komplikationen auftreten und dass das Mädchen die Hormone auch wirklich gut verträgt.

Für Mädchen ab 14 Jahren ist es generell kein Problem, sie zu bekommen. Ganz offenbar spricht auch von der körperlichen Entwicklung her medizinisch nichts dagegen. Allerdings: Weder Scheidenring noch Pille machen angesichts des Aids-Risikos und anderer Geschlechtskrankheiten das Kondom überflüssig!

In der folgenden Tabelle findest du die wichtigsten hormonellen Verhütungsmittel sowie ihre Vor- und Nachteile auf einen Blick. Im Anschluss daran werden die möglichen Verhütungsmethoden noch einmal ausführlicher erklärt.

Was sind die Vor- und Nachteile der modernen hormonellen Verhütungsmittel?

1. Wirkung
2. Sicherheit *
3. Vorteile
4. Nachteile
5. Für wen geeignet

Vaginalring

1. Ein biegsamer Kunststoffring wird für drei Wochen in die Scheide eingelegt. Nach einer ringfreien Woche, in der die Entzugsblutung einsetzt, wird ein neuer Ring in die Scheide geschoben. Der Ring setzt die Hormone Östrogen und Gestagen frei und unterdrückt den Eisprung.
2. 0,65 (nach Angaben des Herstellers)
3. Der Ring ist sehr sicher, wird vom Paar meist gar nicht bemerkt, die Hormondosis ist vergleichsweise niedrig, man kann das Thema Verhütung für drei Wochen vergessen: Die Wirkstoffe müssen nicht über die Leber abgebaut werden, sondern kommen gleich an Ort und Stelle.
4. Es gelten fast alle Risiken der herkömmlichen Pille; ein eventuell erhöhtes Thromboserisiko, Kopfschmerzen und Scheidenentzündungen sind möglich. Wer nicht mit Hormonen verhüten darf, sollte auch vom Ring Abstand nehmen.
5. Für Frauen in jedem Alter, für die eine hormonelle Verhütung in Frage kommt, ist das eine bequeme Lösung. Für junge Mädchen, die sich nicht scheuen, sich den Ring in die Scheide einzulegen, besonders geeignet. Vorteil: Wenn Probleme auftreten, lässt sich der Ring jederzeit entfernen.

* Der so genannte Pearl-Index gibt die Zahl der Schwangerschaften an, wenn hundert Frauen ein Jahr lang diese Verhütungsmethode verwenden. Die Angaben schwanken meistens. Wird gar keine Verhütung praktiziert, liegt er bei 60 bis 80.

Pille

1. Die Pille ist heute meist eine so genannte Mikropille und besteht aus den Hormonen Östrogen und Gestagen.
2. 0.03 bis 0,1
3. Die Sicherheit steht an vorderster Stelle der Verhütungsmittel.
4. Die Risiken sind – je nach Ausgangslage der Frau – nicht unerheblich: erhöhtes Thromboserisiko, Zyklusstörungen, Kopfschmerzen, Gewichtszunahme, Libidoverlust.
5. Für junge, gesunde Frauen, die zuverlässig und regelmäßig jeden Tag eine Tablette einnehmen mögen – die also konsequent und nicht vergesslich sind.

Hormonimplantat

1. Das Kunststoffstäbchen wird vom Arzt in den Oberarm implantiert. Hier gibt es bis zu drei Jahre lang das Hormon Gestagen frei. Der Eisprung wird verhindert.
2. 0
3. sehr sicher, die Frau muss lange nicht mehr daran denken
4. Es kommt häufig zu Zwischenblutungen bis hin zum völligen Ausbleiben der Regel. Treten schwerwiegendere Probleme auf, muss das Stäbchen mit einer kleinen Operation vorzeitig entfernt werden. Das Stäbchen ist spürbar, das stört manche Frauen.
5. Für Frauen, die aus gesundheitlichen Gründen keine Östrogene nehmen dürfen, und solche, die das Thema Verhütung über lange Zeit vergessen wollen. Für junge Mädchen nicht geeignet.

Drei-Monats-Spritze

1. Mit einer Spritze wird das Hormon Gestagen in die Pobacke gespritzt. Es wirkt wie die Pille.
2. 0,3 bis 1,5
3. sehr sicher, sehr lange anhaltende Wirkung
4. sehr hohe Hormondosis mit entsprechenden möglichen Nebenwirkungen; häufig Zyklusstörungen; die Fruchtbarkeit ist auch lange nach der Wirkzeit beeinträchtigt. Treten Komplikationen auf, gibt es keine Möglichkeit, den Wirkstoff aus dem Körper zu

befördern. Das gilt auch bei plötzlichem Kinderwunsch. Bei längerer Anwendung wird die Knochendichte beeinträchtigt, die Osteoporosegefahr steigt.

5. Bei näherer Betrachtung eigentlich für kaum eine Frau; Ausnahme sind vielleicht Frauen mit bestimmten chronischen Erkrankungen.

Hormonspirale

1. Sie gibt in der Gebärmutter kleine Mengen Gestagen ab, das den Aufbau der Gebärmutterschleimhaut und die Dichte des Zervixschleims verändert. Sie kann bis zu fünf Jahre in der Gebärmutter liegen bleiben.
2. 0,1
3. Sie kommt mit relativ kleinen Hormonmengen aus und ist trotzdem sehr sicher. Es treten seltener Infektionen auf als bei den herkömmlichen Spiralen.
4. In den ersten Monaten kommt es häufig zu Zwischenblutungen. Die Blutungen sind schwach, kommen gelegentlich auch zum Erliegen.
5. Besonders geeignet für ältere Frauen, die schon geboren haben, nur in seltenen Fällen für Mädchen.

Hormonpflaster

1. Jede Woche klebt sich die Frau ein Pflaster auf, das die Hormone Östrogen und Gestagen über die Haut abgibt. Es war bislang zunächst in den USA erhältlich, jetzt ist es auch hier in Europa eingeführt worden.
2. 0,9 (laut Hersteller)
3. sehr sicher, nur geringe Hormondosen, Schwimmen und Duschen beeinträchtigt die Wirkung nicht
4. Sichtbar, wird leicht verloren. Nur für Frauen unter 90 Kilo geeignet, sonst stimmen die Mengen nicht mehr. Eventuell erhöhtes Risiko für Thrombosen; ein Problem ist auch das Abfallen des Pflasters – etwa im Schwimmbad oder im Bett.
5. Für junge und ältere Frauen, die weder die Pille schlucken wollen noch sich selbst einen Vaginalring einlegen mögen und mit Hormonen verhüten dürfen.

Das Kondom ist das wichtigste Schutzmittel im Kampf gegen Aids. Es ist – nach der Pille – das am zweithäufigsten eingesetzte Verhütungsmittel und das einzige, das gleichzeitig vor der Ansteckung mit einer Geschlechtskrankheit schützt. Überhaupt ist es eine der ältesten und einfachsten Methoden, die wir kennen. Und es ist nach wie vor die einzige Methode, bei der der Mann verhütet.

Das Kondom ist ein hauchdünner Gummischlauch, der an einer Seite geschlossen ist. Er wird vor dem Geschlechtsverkehr über das versteifte Glied gerollt. So wird verhindert, dass der Samen des Mannes in die Scheide der Frau gelangt. Der entscheidende Vorteil des Kondoms: Es lässt sich in jeder Hand- und Hosentasche unauffällig verstauen, ist bei spontanen Entschlüssen schnell zur Hand, ohne dass man lange im Voraus planen muss. Bei Paaren, die entspannt und selbstverständlich mit ihrer Sexualität umgehen, kann der Gebrauch eines Kondoms sehr sexy sein. Viele Jungen erzählen, dass sie es sehr erregend finden, wenn ihnen das Mädchen beim Vorspiel das Kondom überstreift.

Während Kondome eine Zeit lang etwas Anrüchiges an sich hatten, kann man heute völlig selbstbewusst damit umgehen. Kondome sind definitiv heraus aus der Schmuddelecke und für junge Menschen in deinem Alter heute eine Selbstverständlichkeit. Man kann sie daher, wie gesagt, inzwischen auch überall problemlos kaufen.

Die Präservative – auch Pariser, Präser oder Lümmelmützchen genannt – wurden ständig verändert und vor allem verbessert. Bei richtiger Anwendung sind sie sehr sicher. Kondome gibt es heute in vielen Farben, Formen und Ausführungen. Es gibt dicke, extrem strapazierfähige, dünne, besonders »gefühlsechte« Kondome, es gibt welche in Übergröße, welche mit Noppen, die die Lust steigern sollen, und solche, die nach irgendetwas schmecken. Es gibt grüne, gelbe, schwarze, rote und Scherzkondome mit Teufelskopf, Hundekopf oder Korallenkopf.

Es sind allerdings nicht alle zur Verhütung geeignet. Es gibt noch immer eine große Anzahl minderwertiger Kondome, die schlampig verarbeitet sind. Markenlose Automatenkondome sind häufig mit Löchern übersät, die den Schutz völlig zunichte machen. Das hat die

Berliner Stiftung Warentest bei umfangreichen Tests herausgefunden. Sie warnt auch vor ausländischer Ware. Du solltest auf alle Fälle darauf achten, dass ihr geprüfte deutsche Markenkondome verwendet. In aller Regel sind Kondome auch nur begrenzt haltbar, etwa vier bis fünf Jahre. Deshalb auch immer auf das Haltbarkeitsdatum auf der Packung gucken, besonders bei Automatenware! Am sichersten sind die speziell geprüften Markenkondome. Meist sind die Kondome mit einer Gleitcreme versehen und mit samentötenden Stoffen behandelt.

Ganz entscheidend ist natürlich, dass ihr Kondome richtig benutzt: Beim Aufreißen der Packung müsst ihr beispielsweise aufpassen, dass der dünne Gummi nicht durch einen scharfkantigen Ring oder spitze Fingernägel eingerissen wird. Anschließend muss das Kondom rechtzeitig über das aufgerichtete Glied gerollt werden. Das könnt ihr lustbringend in euer Vorspiel miteinbeziehen. Das erregte Glied darf auf keinen Fall ohne Gummi in die Nähe des Scheideneingangs kommen. Denn es kann vorkommen, dass auch schon vor dem Höhepunkt Samenflüssigkeit austritt. Das Kondom muss über dem steifen Glied abgerollt werden. Dafür wird das noch zusammengerollte Präservativ mit Daumen und Zeigefinger festgehalten und so auf das Glied aufgesetzt, dass das Röllchen wie bei einer Pudelmütze außen sitzt. Mit der anderen Hand wird das Röllchen über das Glied abgerollt. Oben an der Spitze des Gliedes soll ein kleiner Hohlraum bleiben – das so genannte Reservoir, in dem die Samenflüssigkeit aufgefangen wird.

Habt ihr das Kondom versehentlich falsch aufgesetzt, sitzt also das Röllchen innen, müsst ihr unbedingt ein neues verwenden. Am alten könnten bereits Samenspuren sein. Habt ihr Sex gehabt, bei dem der Junge einen Samenerguss hatte, nicht warten, bis das Glied wieder schlaff wird. Das Kondom am Gummiring am Gliedansatz festhalten, damit es nicht abrutscht, dann vorsichtig aus der Scheide herausziehen. Nach dem Abstreifen des Kondoms kann an den Fingern Samenflüssigkeit sein. Deshalb Hände und Glied waschen, damit hinterher folgenlos weiter geschmust werden kann. Ein Kondom immer nur einmal verwenden. Nach der Benützung in die Mülltonne werfen. Aus Umweltgründen nicht in die Toilette.

Die meisten gebräuchlichen Kondome sind mit einer Gleitcreme versehen. Solltet ihr aber dennoch das Gefühl haben, es »flutscht«

noch nicht richtig, greift nicht einfach zu irgendwelchen Mitteln: Öl-haltige Substanzen wie Vaseline oder Babyöl greifen das Kondom an und verursachen kleine Löcher. Lieber in der Apotheke oder einem Sex-Shop nach einer geeigneten Creme fragen. Man kann sich auch alles aus einem Katalog der Pro Familia bestellen. (Die Adresse findest du auf Seite 162.)

Mögliche Fehlerquellen sind ansonsten relativ leicht zu bemerken: Ein Loch im Gummi ist meist unübersehbar. Auch das Abrutschen des Kondoms beim Herausziehen aus der Scheide wird kaum unbemerkt bleiben. Sollte euch das einmal passieren oder aus einem sehr seltenen Grund das Kondom platzen, ist es dringend erforderlich, dass du gleich am nächsten Tag einen Frauenarzt oder eine Familienberatungsstelle aufsuchst, um dort zu klären, ob es zu einer Befruchtung gekommen sein könnte. Ist das wahrscheinlich, kann man dir dort die »Pille danach« verordnen. Zeit spielt dabei eine große Rolle, denn die »Pille danach« kann nur etwa 48 Stunden lang nach dem Malheur wirksam eingesetzt werden. Zusammen mit dieser Notfallmöglichkeit ist das Kondom eine der praktischsten und sichersten Methoden überhaupt.

Wie funktionieren Scheidenring und Pille?

Die Verhütungspille und der relativ neue Scheidenring gehören zu den **hormonellen Verhütungsmitteln**. Die Pille hat seit ihrer Einführung vor etwa 40 Jahren den Frauen eine große Unabhängigkeit beschert. Als erstes Verhütungsmittel machte sie es wirklich möglich, das Kinderkriegen entsprechend den Wünschen und Vorstellungen einer Frau zu planen. Deswegen nannte man sie zunächst auch Antibabypille. Durch die Pille konnten Frauen erstmals ihre Sexualität relativ unbeschwert ausleben. Allerdings wurde auch recht schnell klar, dass es sich um ein hochwirksames Medikament handelt, das tief in den weiblichen Körper eingreift und nicht ohne Nebenwirkungen ist. Das ist bis heute so geblieben, obwohl die Pille natürlich ständig verbessert wurde. Der Scheidenring ist sozusagen ein moderner Ableger der Pille.

Die **Pille** enthält die weiblichen Geschlechtshormone Östrogen und Gestagen (so heißt das Progesteron, wenn es aus dem Pharmalabor stammt). Sie wirkt auf dreierlei Weise:

- Die Hormone bremsen den steuernden Einfluss des Gehirns auf die Eierstöcke. Es reifen keine Eizellen mehr in den Eierstöcken heran. Der Eisprung wird unterdrückt, es gibt praktisch nur noch unfruchtbare Tage. Dadurch ist eine Befruchtung unmöglich.
- Die Pille verfestigt den Schleim am Muttermund, sodass die Samen nicht in die Gebärmutter gelangen können.
- Außerdem wird die Gebärmutterschleimhaut durch die künstlichen Hormone so verändert, dass sich ein befruchtetes Ei nicht einnisten kann.

Die modernen Pillen heißen **Mikropillen,** weil in ihnen sehr viel geringere Hormonmengen und andere Zusammensetzungen enthalten sind. Welche Pille jedoch letztlich die richtige für dich ist, kann nur deine Ärztin oder dein Arzt entscheiden. Du musst auch erst einige Zeit beobachten, ob dir das jeweilige Präparat bekommt.

Die Pille sollte nur von gesunden Mädchen und Frauen eingenommen werden. Alle Hormonpillen können unter Umständen gefährliche Auswirkungen auf Herz und Kreislauf haben, die dein Leben beeinträchtigen können. Du solltest dem Arzt deshalb auch nichts verschweigen. Er muss sich vor dem ersten Rezept davon überzeugen, dass keine Erkrankungen wie Bluthochdruck, Übergewicht, bestimmte Blut- und Leberleiden oder Diabetes bei dir oder in deiner Familie vorliegen. Eine besonders gefährliche Kombination ist die Einnahme eines Hormonpräparates und Rauchen. Zigaretten allein können schon schwere Schäden an Herz und Kreislauf hervorrufen – auch wenn du noch ganz jung bist. Dieses Risiko wird durch die Pille noch zusätzlich verstärkt. Nikotin greift außerdem in die körpereigene Hormonproduktion ein. Die Verbindung Rauchen und Pille sollte grundsätzlich tabu sein.

Folgendes musst du bei der Einnahme beachten:
Die Mikropillen verhüten trotz ihrer kleinen Hormonmenge sehr, sehr sicher. Selbst wenn du einmal eine Pille vergisst, besteht keine Gefahr. Du musst die Einnahme spätestens am nächsten Tag wiederholen. Allerdings darf dieser »Einnahmefehler« dann nicht noch einmal passieren.

Wenn du anfängst, die Pille einzunehmen, muss sich dein Körper erst an die Hormone gewöhnen. Es kann zu leichter Übelkeit, Kopfschmerzen oder Brustspannen kommen. Zu Beginn treten manchmal auch Zwischenblutungen auf. Sie wirken sich aber nicht auf die Sicherheit aus und verschwinden auch meist bald wieder. Wenn dich irgendetwas sehr beunruhigt, solltest du ruhig mit deiner Frauenärztin oder deinem Frauenarzt darüber sprechen.

Die Pillenpräparate unterscheiden sich nach der Menge der Hormone und der Art der Verabreichung. Es gibt so genannte Einphasenpillen, zu denen fast alle modernen Präparate gehören. Bei ihnen haben alle Tabletten die gleiche Zusammensetzung der Hormone. Die Zwei- und Dreiphasenpillen haben unterschiedliche Tabletten in einer Packung und eine jeweils andere Zusammensetzung. Wird diese Reihenfolge nicht exakt befolgt, ist die Sicherheit beeinträchtigt.

Bei den Einphasenpräparaten nimmt man drei Wochen lang jeden Tag eine Tablette ein. In der darauf folgenden Woche wird keine Pille geschluckt. In dieser Woche tritt die Blutung ein.

Weil die Hormone der Pille fast wie die natürlichen die Gebärmutterschleimhaut aufbauen, wird die oberste Schicht der Schleimhaut wenige Tage nach der Einnahme der letzten Pille mit einer Blutung abgestoßen. Diese Blutung ist meist schwächer und kürzer als deine »eigene«. Selbst während der einwöchigen Pillenpause kannst du nicht schwanger werden. Nach der Einnahmepause geht es dann weiter mit einer neuen Pillenpackung.

Eine längere Pillenpause, in der man sich davon überzeugt, ob der normale Zyklus noch reibungslos funktioniert, ist nicht nötig. Das bringt den Hormonhaushalt nur unnötig durcheinander. Möchte eine Frau nach dem Absetzen der Antibabypille schwanger werden, ist das meist kein Problem. Auch bei jungen Mädchen wird die Fruchtbarkeit dadurch nicht beeinträchtigt.

Zwei Varianten der hormonellen Verhütung, die aber nur in ganz speziellen Fällen und auch nicht bei jungen Mädchen eingesetzt werden, sind die **Minipille und die Dreimonatsspritze**. Beide bestehen nur aus dem Hormon Gestagen. Das hat sich aber als Nachteil entpuppt, denn da die Gestagene die Menstruation stark beeinflussen können, kommt es bei beiden Präparaten häufiger zu – manchmal schweren – Regelstörungen. Bei der Spritze muss die Frau in einem solchen Fall so lange warten, bis der Wirkstoff aus dem Körper abgebaut ist, bevor sie sich wieder gut fühlt.

Die Zuverlässigkeit der Minipille ist nicht so hoch. Das Präparat muss ohne Pillenpause jeden Tag zur exakt gleichen Uhrzeit eingenommen werden. Verzögert sich die Einnahme nur um mehr als drei Stunden – und das kann ja leicht einmal passieren –, ist der Schutz vor einer Schwangerschaft nicht mehr gewährleistet.

Wesentlich einfacher hast du es da mit dem Scheidenring. Transparent und flexibel sieht er aus – fast wie ein Ring aus Weingummi. Der neue **Vaginalring** ist das erste Verhütungsmittel, das nur einmal im Monat ohne großen Aufwand eingesetzt wird und zudem sicher, verträglich und bequem verhütet. Mit dem neuen Vaginalring hast du den Kopf frei. Ein entscheidender Vorteil des Ringes ist die Tatsache, dass die Hormone nicht über die Leber verarbeitet werden müssen, sondern direkt »am Ort des Geschehens« wirken können.

Bei der Pille stört viele Frauen, dass sie jeden Tag an sie denken müssen, dass es problematisch wird, wenn sie mal eine oder zwei vergessen, beim **Pflaster,** dass man(n) es sieht und dass es im Eifer des Gefechtes abfallen kann.

Ein solches Ärgernis gehört mit dem Verhütungsring der Vergangenheit an. Er wird einmal im Monat durch die Scheide hindurch wie ein Tampon vor den Muttermund geschoben und bleibt dort drei Wochen liegen. Er gibt kontinuierlich winzige Mengen der Hormone Östrogen und Gestagen ab, die den Eisprung unterdrücken und auch sonst genauso wirken wie die Pille. Nach drei Wochen wird der Ring herausgenommen und eine Woche ausgesetzt, an den ringfreien Tagen kommt es zu einer Entzugsblutung. Danach wird ein neuer Ring eingelegt. Damit braucht es auch keine komplizierten Einnahmeregeln etwa für Urlaubsflüge mehr. Allerdings macht auch der Scheidenring das Kondom zum Schutz vor Übertragungen von Krankheiten nicht überflüssig.

Welche Verhütungsmethoden gibt es sonst noch?

Es gibt noch eine Reihe anderer Methoden, die zwar meist eher erwachsenen Frauen empfohlen werden, möglicherweise aber auch einmal für dich in Frage kommen. Zumindest solltest du darüber Bescheid wissen. Das sind die partnerschaftliche Empfängnisregelung mit Babycomputern, die Spirale, die Verhütungskappe LEA, samentötende Substanzen und die Sterilisation.

Die **partnerschaftliche Empfangsregelung** ist nicht ganz einfach anzuwenden, sie erfordert viel Disziplin und vor allem einen regelmäßigen Zyklus und ein einigermaßen geregeltes Leben. Um die Tage zu ermitteln, an denen die Frau schwanger werden kann, werden natürliche Vorgänge und Schwankungen im Körper beobachtet. Vor allem an der Kombination der Veränderungen der Körpertemperatur und des Schleims am Gebärmuttermund kann eine Frau einen Eisprung erkennen. In dieser Zeit muss das Paar dann auf Geschlechtsverkehr verzichten oder auf andere Verhütungsmittel – etwa das Kondom – ausweichen. Daraus wird schon klar, dass diese Methode für feste Partnerschaften besser geeignet ist. Mädchen und Frauen, die wechselnde Partner haben, müssen immer ein Kondom verwenden.

Die Sicherheit der partnerschaftlichen Empfängnisverhütung hängt allein davon ab, wie gut sich die Frau mit sich selbst auskennt und wie »pingelig« sie ist. Die Körpertemperatur muss beispielsweise jeden Morgen vor dem Aufstehen immer zur gleichen Zeit gemessen werden. Der gemessene Wert wird auf einem Formblatt eingetragen, das in Apotheken erhältlich ist. Die einzelnen Tageswerte ergeben eine Kurve, aus der sich rückwirkend die Zeit des Eisprungs ermitteln lässt. Nachdem ein Eisprung stattgefunden hat, erhöht sich die Körpertemperatur deutlich.

Über den gesamten Zyklus hinweg wird dann noch beobachtet, wie sich der Schleim verändert, der den Gebärmuttermund normalerweise fest verschließt. Er verflüssigt sich zur Zeit des Eisprungs und ist dann am Scheideneingang als Feuchtigkeit spürbar. Auch seine Beschaffenheit ändert sich sichtbar. Direkt vor dem Eisprung ist der Schleim flockig und dicht. Während des Eisprungs selbst ist er durchsichtig und flüssig-klar. Das ist meist schon auf der Toilette spürbar: Das Toilettenpapier gleitet sanft und ganz leicht über die Schamlippen. Zwischen zwei Fingern lässt er sich zu dünnen Fäden ziehen. Das nennt man den Farnkrauteffekt.

Es gibt inzwischen in den Apotheken kleine Mikroskope und so genannte Babycomputer, mit denen sich anhand der gespeicherten Daten die Zeit des Eisprunges noch sicherer nachweisen lässt. Relativ neu ist die Kombination mit hormonellen Tests für Urin und Speichel, mit denen der Eisprung nachgewiesen wird. Dieser Schleim signalisiert die höchste Gefahrenstufe: Wenn er auftritt, heißt es entweder gar kein Geschlechtsverkehr oder zusätzlich ein anderes Verhütungsmittel verwenden – zum Beispiel Kondom oder Diaphragma.

Aus der Beobachtung dieser beiden Körperzeichen ergibt sich eine relativ sichere Zeit vor dem Eisprung und eine sichere nach dem Eisprung. Das funktioniert allerdings nur, wenn die Frau diese Methode wirklich beherrscht. Dann ist sie auch relativ zuverlässig. Bei jungen Mädchen klappt das allerdings nur in den seltensten Fällen. Denn zum einen ist der Zyklus noch nicht stabil genug und andererseits können und wollen Mädchen in dieser Lebensphase kaum ein so geordnetes Leben führen.

Die **Spirale** wird auch Intra-Uterin-Pessar (IUP) genannt, weil sie in die Gebärmutter (medizinisch: Uterus) hineingelegt wird. Meist hat sie die Form von einem »T« oder einer »7«. In der Gebärmutter verhindert sie, dass sich eine befruchtete Eizelle dort einnisten kann. Die Spirale führt zu verstärkten Regelblutungen und manchmal zu heftigeren Regelschmerzen. Da sie vor allem bei Geschlechtsverkehr mit häufig wechselnden Partnern und gerade bei Mädchen und jungen Frauen häufiger Entzündungen auslöst, die zu Unfruchtbarkeit führen können, empfiehlt man ihnen diese Methode nur in wenigen Fällen. Die Spirale verhütet überdies nicht so sicher wie die Pille.

Es gibt Spiralen in unterschiedlichen Größen und Ausführungen. Eine neuere Art ist zusätzlich noch mit Hormonen versehen, was die Sicherheit erhöhen soll. Eine Spirale muss vom Arzt durch den Gebärmuttermund in die Gebärmutter eingeführt werden. Das geht am besten während der Regel, wenn er ohnehin leicht geöffnet ist. Einmal jährlich muss sich der Arzt mit Ultraschall versichern, dass die Spirale noch richtig sitzt. Normalerweise kann eine Spirale bis zu fünf Jahren in der Gebärmutter liegen bleiben.

Die **Verhütungskappe LEA** ist ebenfalls eine relativ neue Verhütungsmethode. Die Kappe sieht aus wie ein kleines Kunststoff-Hütchen. Sie wird durch die Scheide hindurch vor den Muttermund geschoben. Dank eines speziellen Ventils saugt sie sich am Muttermund fest, sodass die Spermien daran gehindert werden, weiter in die Gebärmutter und die Eileiter aufzusteigen. Wird die Verhütungskappe mit einem samentötenden Mittel zusammen angewendet, soll der Schutz vor einer Schwangerschaft recht hoch sein. Die

Kappe kann bis zu 48 Stunden in der Scheide bleiben und ist leicht zu entfernen. Nach Gebrauch wird sie mit lauwarmem Wasser gewaschen und kann sechs bis zwölf Monate lang verwendet werden. Der Vorteil dieser Verhütungsmethode ist, dass man sie rezeptfrei bekommen kann und nur im »Bedarfsfall« angewendet werden muss. Sie ist also für Mädchen geeignet, die nur selten mit einem Jungen schlafen. Alle anderen sollten lieber auf Nummer sicher gehen. Die Verhütungskappe macht allerdings die gleichzeitige Verwendung eines Kondoms nicht überflüssig.

Samentötende Schaumzäpfchen, Cremes und Gels sind so genannte chemische Barrieremethoden. Sie werden vor dem Geschlechtsverkehr in die Scheide eingeführt. Durch die Körperwärme lösen sie sich auf und verteilen ihren samentötenden Wirkstoff. Die Schaumzäpfchen schäumen dabei besonders auf und sollen zusätzlich den Muttermund fest verschließen. Allerdings können sie nach einer Weile ein unangenehmes Wärmegefühl hervorrufen und auch aus der Scheide auslaufen. Wichtig ist, dass diese Mittel den Wirkstoff Nonoxinol enthalten. Er tötet Samen und Krankheitserreger ab. Diese Mittel sind allerdings trotzdem nicht besonders sicher und deshalb nur in Ausnahmefällen zu empfehlen. Steht aber sonst kein anderer Schutz zur Verfügung, solltet ihr auf jeden Fall etwa auf ein Schaumovulum zurückgreifen. Es gibt sie in Apotheken, Drogerien und Verbrauchermärkten.

Mit der **Sterilisation** werden Männer und Frauen für immer unfruchtbar gemacht. Sie ist deshalb nur Älteren zu empfehlen, die wirklich sicher wissen, dass sie keine Kinder mehr bekommen wollen. Denn diese Operation lässt sich im Normalfall nicht wieder rückgängig machen. Bei der Frau werden die Eileiter durchtrennt, beim Mann die Samenleiter. Der Eingriff ist bei der Frau schwerwiegender als beim Mann. Sie muss dafür meist ins Krankenhaus. Beim Mann dauert sie nicht lang und kann ambulant gemacht werden.

Manche Leute verwechseln die Sterilisation mit einer Kastration. Bei einer Kastration werden Hoden beziehungsweise Eierstöcke entfernt. Damit werden keine Geschlechtshormone mehr gebildet, und der betreffende Mensch ist praktisch ein Neutrum. Dadurch verändert sich letztlich der ganze Mensch. Bei der Sterilisation bleiben diese Organe jedoch im Körper. Es wird weder Potenz noch die sexuelle Lust in irgendeiner Weise beeinträchtigt. Für junge Menschen ist diese Verhütungsmethode ungeeignet, weil sie damit niemals mehr Kinder bekommen können. Diese Entscheidung kann man erst treffen, wenn man sehr viel älter ist.

Der **Rückzieher** – medizinisch Coitus interruptus genannt – sei hier nur der Ordnung halber erwähnt, weil er noch in vielen Köpfen herumspukt. Er ist keine Verhütungsmethode und für junge Menschen nicht geeignet. Früher wurde der Rückzieher oft verwendet, weil man nichts Besseres kannte. Viele Kinder haben ihm ihr Leben zu verdanken. Beim Rückzieher muss der Mann gut aufpassen und kurz vor dem Höhepunkt sein Glied aus der Scheide herausziehen. Diese Methode bietet praktisch überhaupt keine Sicherheit, weil schon vor dem Samenerguss winzige Mengen Samenflüssigkeit abgehen können.

Woran merke ich, dass ich schwanger bin?

Hast du zur Zeit des Eisprungs ungeschützten Geschlechtsverkehr oder sind sonst irgendwie Samenfäden in deine Geschlechtsorgane gelangt, kannst du schwanger werden. Dann können nämlich Ei- und Samenzelle zusammentreffen und miteinander verschmelzen. Das passiert meist im Eileiter: Wenn eine Eizelle mit dem so genannten Eisprung vom Eierstock in den Eileiter gelangt ist, beginnen die fruchtbaren Tage der Frau. Die Reise der Eizelle durch den Eileiter in die Gebärmutter dauert etwa vier Tage. Auf diesem Weg kann sie von der Samenzelle eines Mannes befruchtet werden.

Schwanger oder nicht? Diese Frage beschäftigt wohl jede Frau im Laufe ihres Lebens hin und wieder. Wenn nicht direkt eine bewusste Panne passiert ist, wie ein abgerutschtes Kondom, ist meist das Ausbleiben der Regel das erste Warnzeichen. Nach einer Weile stellen sich dann andere typische Veränderungen ein: plötzliche Übelkeit, meist morgens nach dem Aufstehen, kribbelnde und spannende Brüste, nächtlicher Harndrang, auffallende Niedergeschlagenheit, Appetitlosigkeit oder ungewöhnlicher Heißhunger.

Beim geringsten Verdacht ist es wichtig, sich rasch Gewissheit zu verschaffen, ob wirklich eine Schwangerschaft eingetreten ist. Das verlängert die Zeit, in der die Frau ganz in Ruhe entscheiden kann, was nun zu tun ist, in der sie sich beraten lassen und um Hilfe kümmern kann.

Aufschluss über eine Schwangerschaft gibt ein Schwangerschaftstest. Er wird in den Beratungsstellen der Pro Familia, der Familienberatungsstellen und bei Frauenärzten kostenlos durchgeführt. Hier ist auch gleich jemand zur Stelle, mit dem das Ergebnis besprochen werden kann. Es gibt inzwischen aber auch ganz einfache und sichere Tests für zu Hause, die du in den Apotheken bekommen kannst. Sie sind allerdings nicht ganz preiswert und du solltest dich vorher genau informieren, von welchem Zeitpunkt an du bei welchem Test wirklich ein zuverlässiges Ergebnis erhältst.

Schwangerschaftstests funktionieren alle auf die gleiche Weise: Hat sich in der Gebärmutter eine befruchtete Eizelle eingenistet, wird das Schwangerschaftshormon HCG (Humanes Choriongonadotropin) gebildet. Es hat die Aufgabe, die Abstoßung der Eizelle mit einer Menstruationsblutung zu verhindern. Gerade am Anfang der Schwangerschaft wird es deshalb in großen Mengen gebildet. Das Hormon wird mit dem Urin ausgeschieden. Die modernen Testverfahren können direkt auf der Toilette gemacht werden oder mit Hilfe eines Bechers, in dem der Harn aufgefangen wurde.

Die Tests verfügen über zwei Sichtfenster. Taucht in dem großen ein Streifen auf, bedeutet das: schwanger! Ein Streifen in einem kleineren Fenster weist nach, dass der Test ordnungsgemäß durchgeführt wurde – unabhängig davon, ob die Frau nun schwanger ist oder nicht. Das Testergebnis liegt innerhalb von drei Minuten vor und ist nach Aussagen der Hersteller fast hundertprozentig sicher. Zeigt das Testergebnis keine Schwangerschaft an und du bekommst in den nächsten Tagen dennoch deine Regel nicht, solltest du zur Sicherheit eine Beratungsstelle oder einen Frauenarzt aufsuchen, um die Ursache zu klären.

Was passiert bei einer Schwangerschaft?

Bei einem Samenerguss werden etwa 400 Millionen Samen in die Scheide der Frau ausgestoßen. Nur ein kleiner Teil von ihnen schafft es, bis zum Ei vorzudringen. Nur eine Samenzelle schafft es noch weiter: Kurz vor Erreichen der Eizelle muss im Kopf des Samens noch ein Stoff freigesetzt werden, der ihm das Durchdringen der Eiwand ermöglicht. Das passiert erst so spät, weil der Samen sonst auch in andere Körperzellen eindringen könnte, wo er gar nichts »zu suchen« hat. Der Samen bleibt im weiblichen Körper drei bis fünf Tage lebensfähig.

Sind Samenzelle und Eizelle miteinander verschmolzen, beginnt ein rasantes Wachstum. Die befruchtete Eizelle teilt sich nun unaufhörlich. Es entstehen erst vier, dann acht, dann sechzehn Zellen und so fort, bis sich eine kleine Zellkugel gebildet hat. Die kleine Kugel wandert zur Gebärmutter, wo sie sich etwa eine Woche nach der Befruchtung in der gut ausgepolsterten Schleimhaut für die Zeit der Schwangerschaft einnistet. Jetzt beginnt der gesamte Organismus, sich umzustellen. Allmählich treten die ersten Schwangerschaftsanzeichen auf. Das deutlichste ist das Ausbleiben der Regel.

Die Entwicklung von der befruchteten Eizelle bis zur Geburt des Kindes dauert etwa 266 Tage. Das sind rund neun Monate. Zehn Tage vor dem errechneten Ende der Schwangerschaft und zehn Tage danach bilden die Phase, in der die Geburt liegen sollte. In den ersten drei Monaten entwickeln sich die Organe und die Gliedmaßen des Kindes. In dieser Zeit können Krankheiten der Mutter oder Störungen von außen schlimme Folgen haben. Deshalb müssen Schwangere einen ganz besonders großen Bogen um Alkohol, Nikotin und Medikamente machen.

Bis zum dritten Schwangerschaftsmonat wird das werdende Kind Embryo genannt, danach heißt es Fötus. Das Baby schwimmt im Wasser der Fruchtblase, die sich aus dem Eisack entwickelt. Dadurch wird es gut geschützt und gepolstert. Aus den Eihäuten bildet sich im Laufe der Zeit der Mutterkuchen, der das Kind mit Sauerstoff und Nährstoffen versorgt. Mutter und Kind sind über die Nabelschnur miteinander verbunden, über die auch die Stoffwechselschlacken des Kindes abtransportiert werden.

Während der neun Monate im Mutterleib wachsen aus den beiden Ursprungszellen insgesamt zwei Milliarden Zellen. Sie entwickeln sich mit der Zeit zum Beispiel zu den einzelnen Organen, Nerven oder Muskeln. Wie sie sich entwickeln, ist in der Erbsubstanz festgelegt. Alle wesentlichen Eigenschaften sind durch die elterlichen Erbanlagen bestimmt: Haar- und Augenfarbe, Gesichts- und Körperform, Körpergröße und viele andere Dinge.

Ob ein Mädchen oder ein Junge geboren wird, steht ebenfalls von Anfang an fest: Grundsätzlich enthalten alle menschlichen Zellen 46 Chromosomen. Das sind schleifenartige Gebilde, auf denen die Erbanlagen des Menschen wie auf einer Perlenkette aufgereiht sind. Ei- und Samenzelle besitzen jedoch nur jeweils eine Hälfte. Bei der Befruchtung werden also zwei Hälften zu einem Ganzen verschmolzen. Erst dann kann sich ein neuer Mensch entwickeln.

Der Mann bestimmt mit seinem Samen das Geschlecht des Babys. Jeder Samen enthält entweder ein X- oder ein Y-Chromosom. Sie werden nach ihrer Form so genannt. Das X-Chromosom trägt die Erbinformationen für ein Mädchen, das Y-Chromosom die für einen Jungen. Die Frau gibt mit der Eizelle immer ein X-Chromosom weiter. Entsteht bei der Befruchtung die Kombination XX, sind die Weichen für ein Mädchen gestellt. Befruchtet ein Y-Chromosom-Samen die Eizelle, kommen also YX zusammen, wird ein Junge geboren werden.

Bis zur siebenten Schwangerschaftswoche ist dennoch kein Unterschied zwischen einem Jungen und einem Mädchen zu erkennen. Sie entwickeln sich zunächst völlig gleich. Doch sobald Sexualhormone ins Spiel kommen, teilen sich ihre Wege: Die Geschlechtsorgane bilden sich heraus. Männliche und weibliche Geschlechtsorgane entsprechen sich: Dem Kitzler entspricht das Glied, den Eierstöcken die Hoden. Sie sind aus demselben Gewebe und deshalb in ihrer Empfindlichkeit für bestimmte Reize vergleichbar.

Am Ende der Schwangerschaft ist ein kleines Kind also schon mit allen Geschlechtsorganen und Drüsen für die Bildung der Hormone ausgestattet. Bei den Mädchen sind bereits die Eianlagen vorhanden. Beim Jungen dagegen werden die Samen erst von der Pubertät an gebildet.

Ist das Kind reif für die Geburt, beginnt die Gebärmutter sich in einem gewissen Rhythmus zusammenzuziehen. Das nennt man Wehen. Damit will der Körper der Mutter dem Kind auf die Welt verhelfen. Beim ersten Baby dauert die Geburt vom Beginn der regelmäßigen Wehen an sechs bis neun Stunden. Bei weiteren Geburten ist diese Zeit normalerweise kürzer. Bei einer normalen Geburt dauert es etwa zwanzig Minuten, bis das Köpfchen herausgekommen ist. Danach ist das Schlimmste für die Frau schon fast vorbei.

Eine Geburt ist für die Frau eine enorme Leistung. Sie ist der einzige natürliche Vorgang im Leben der Menschen, der mit zum Teil starken Schmerzen verbunden sein kann. Das liegt daran, dass die Geburtswege – also Gebärmuttermund und Scheide – eng sind und der Kopf des Babys relativ groß ist. Heute bereiten sich werdende Mütter intensiv mit Entspannungs- und Atemübungen auf die Geburt vor. Dann werden sie mit den Anstrengungen besser fertig und können auch den wunderbaren Moment besser genießen, wenn ihr Kind da ist und sie es zum ersten Mal sehen. Den meisten Frauen hilft es, wenn der werdende Vater bei der Geburt dabei ist. Andere finden es besser, wenn ihre Freundin dabei ist oder sie mit der Hebamme allein sind.

Die ersten acht Wochen nach der Geburt nennt man Wochenbett. In dieser Zeit bildet sich die Gebärmutter wieder zurück. Während der Schwangerschaft haben sich in der Brust die Milchdrüsen ausgebildet. Nach der Geburt kann das Baby daher gleich anfangen zu trinken. Es wird normalerweise so viel Milch gebildet, wie das Baby braucht. Je stärker es saugt, desto mehr Milch gibt die Brust.

Jede Frau, die es möchte, kann ihr Baby stillen – von ganz wenigen Ausnahmen abgesehen. Die Form und Größe der Brust spielen dabei keine Rolle.

Ich bin schwanger – was nun?

Gerät ein junges Mädchen trotz aller guten Vorsätze dennoch in die missliche Lage, ungewollt schwanger zu werden, ist das besonders schwierig für sie. Die meisten Frauen leiden in dieser Situation unter Schuldgefühlen, fürchten um ihre Gesundheit, um ihre Zukunft, um ihre künftigen Kinder, sie halten sich vielleicht für dumm und verantwortungslos. Sie fürchten auch, dass niemand sie versteht, und glauben, sie seien ganz allein mit ihrem Problem. Doch das stimmt nicht: Es gibt heute die Beratungsstellen der Pro Familia und anderer Familienplanungszentren, die es sich zur Aufgabe gemacht haben, Frauen in solchen Notlagen zu beraten – unabhängig davon, ob sie das Baby bekommen möchten und können oder nicht.

Wer glaubt, mit seinen Eltern über die Schwangerschaft nicht sprechen zu können – und das ist wohl häufig der Fall, sollte sich so schnell wie möglich den Fachleuten einer solchen Beratungsstelle beziehungsweise einer Frauenärztin oder einem Frauenarzt anvertrauen. Je rascher das passiert, desto besser ist es vor allem auch im Hinblick auf das seelische Gleichgewicht.

Was für ein Mädchen die beste Lösung ist, kann kein Außenstehender entscheiden. Auch wozu es sich letztlich entschließt, kann von anderen nicht als gut oder schlecht beurteilt werden. Solltest du dich in dieser Situation befinden, kannst du dir von anderen raten, solltest dir aber nicht hineinreden lassen. Du darfst dich weder zur Abtreibung noch zum Austragen des Kindes zwingen lassen. Und natürlich auch nicht zu einer Heirat, einer unerwünschten Verbindung mit dem Partner oder zu einer Adoption. Du ganz allein musst letztlich mit deiner Entscheidung zurechtkommen. Bei deiner persönlichen Entscheidung für oder gegen ein Kind muss du ja vor allem deine Zukunftsaussichten, deine Wünsche und Träume, deine beruflichen und privaten Vorstellungen, deine Neigungen und Abneigungen mit berücksichtigen.

Wenn du dich zu einer Abtreibung entschließt, heißt das nicht, dass du unmoralisch bist, später keine Kinder mehr bekommen kannst, dass du keine Kinder magst, dass du deinen Partner nicht liebst oder gar, dass du Abtreibungen gut findest. Ein Schwangerschaftsabbruch ist niemals eine Kleinigkeit, sondern zugleich ein körperlicher und seelischer Eingriff. Die meisten Frauen müssen in einer solchen Situation mit einem Chaos von Gefühlen, Stimmungsschwankungen und Überlegungen fertig werden. Auch ein schlechtes Gewissen und eine religiöse Einstellung können diese Entscheidung sehr quälend werden lassen.

Wer sich zu einem Abbruch der Schwangerschaft entschlossen hat, sollte so rasch wie möglich handeln. In den ersten zehn bis zwölf Wochen ist er mit den wenigsten Gesundheitsrisiken verbunden. In Deutschland ist eine Abtreibung – von wenigen Ausnahmen abgesehen – ohnehin nur bis zur zwölften Woche erlaubt, in Österreich ebenso. Außerdem ist sie an einige gesetzliche Vorschriften gebunden: So darf ein Abbruch nur nach einer vorhergehenden ausführlichen Beratung vorgenommen werden. Die betroffene Frau muss vorher über alle Folgen und Möglichkeiten informiert werden. Vor allem sollte sie erfahren, welche Hilfen ihr zustehen, wenn sie das Baby bekommt. Denn es sollte kein Kind nur aus dem Grund nicht geboren werden, weil die werdende Mutter nicht weiß, wie sie finanziell über die Runden kommen soll. Wie das im Einzelnen vonstatten geht, erklären die Fachleute der Beratungsstelle oder der behandelnde Arzt.

Der Eingriff selbst ist unangenehm, aber körperlich gesehen nicht besonders schwerwiegend. Er kann medikamentös vorgenommen werden, was sehr langwierig und quälend ist. Meist wird unter lokaler Betäubung der Muttermund vorsichtig geweitet und das Gewebe abgesaugt. Das dauert etwa zehn Minuten. Danach muss die Frau ein bis zwei Stunden liegen und unter Kontrolle bleiben. In den nächsten zwei bis drei Tagen sollte sie sich schonen, viel liegen und möglichst nichts tragen. Nach einer Woche ist eine Nachkontrolle erforderlich. Selbst wenn der Eingriff eine Erleichterung bedeutet, so heißt das nicht, dass es nicht mehr weh tut und dass eine Frau nicht noch um die verlorene Möglichkeit trauert. Auch deswegen ist die Beratung so wichtig. Du kannst diese Gespräche ruhig hinterher noch in Anspruch nehmen.

Ist Aids immer noch eine Bedrohung für uns?

Diese Seuche scheint manchmal in Vergessenheit geraten zu sein. Und das ist hochgefährlich. Denn sie breitet sich tatsächlich immer weiter aus. Nicht nur bei den Homosexuellen, sondern auch bei heterosexuellen Menschen, die keinen Kontakt zu Fixerkreisen, zur Beschaffungsprostitution oder zu homosexuellen Kreisen haben.

Der Krankheitserreger – das so genannte HI-Virus – wird vor allem beim Geschlechtsverkehr übertragen. Frauen werden durch Männer wesentlich leichter angesteckt als umgekehrt und junge Mädchen sind ganz besonders gefährdet, weil ihre Scheidenwände noch durchlässiger sind als die von älteren Frauen. Forscher haben festgestellt, dass junge Mädchen besonders gefährdet sind, wenn sie von einem mit dem Aids-Virus infizierten Mann entjungfert werden und dabei bluten.

Deswegen musst du dich natürlich unbedingt vor einer Ansteckung schützen. Es gibt ja glücklicherweise die Möglichkeit, ein Kondom zu verwenden. Nur: Du musst es auch tun! Und zwar unbedingt! Du hast das Recht, an dich selbst zu denken. Lass dir da nichts anderes weismachen – etwa von jemandem, der dich zum leichtsinnigen Verhalten überreden will. Die Entscheidung, ob du mit jemandem schläfst und mit wem, liegt ganz allein bei dir! Du bestimmst auch, was ihr miteinander macht! Du hast sehr wohl auch das Recht, darauf zu bestehen, dass ihr Kondome verwendet.

Aids nimmt unter den sexuell übertragbaren Krankheiten eine Sonderstellung ein, weil der Krankheitserreger besonders ansteckend ist. Über kurz oder lang bringt er die körpereigene Krankheitsabwehr zum Erliegen. Nach Ausbruch der Krankheit kann der Körper keine Krankheitserreger mehr abtöten, mit denen er sonst spielend fertig würde. Was einem gesunden Menschen nichts ausmacht – etwa eine Erkältung oder eine Bronchitis –, kann für Aids-Kranke zur todbringenden Katastrophe werden. Deswegen hat man die Krankheit auch »Erworbene Schwäche des Immunsystems« (englisch: Aquired immune-deficiency-syndrome) genannt.

Die HI-Viren nisten sich ausgerechnet in den Zellen des Abwehrsystems ein, vermehren sich in ihnen und vernichten sie irgendwann. Man sagt zwar, nach der Ansteckung schlummerten sie in den Zellen des Menschen bis zum Ausbruch der Krankheit. In Wirklichkeit verrichten sie dort aber ein zerstörerisches Werk. Sie vernichten das Immunsystem von innen heraus, sodass es irgendwann total zusammenbricht. Vor einiger Zeit hatte man noch gehofft, dass nicht bei jedem mit dem Virus infizierten Menschen die Krankheit auch wirklich ausbrechen müsste. Doch nach heutigem Kenntnisstand bleibt keiner davon verschont. Man kann den Ausbruch mit verbesserten Medikamenten ziemlich lange aufhalten, aber nur selten verhindern. Natürlich wird ständig fieberhaft an neuen Arzneien und Impfstoffen geforscht.

Übertragen wird das Aids-Virus durch Blut, Samenflüssigkeit und durch die Feuchtigkeit der Scheide. Der Hauptübertragungsweg ist Geschlechtsverkehr. Nach allem, was man heute weiß, reicht schon ein einziger sexueller Kontakt mit einem HIV-Positiven – wie man die Infizierten auch nennt – für eine Ansteckung aus. Frauen sind dabei zwanzigmal gefährdeter, weil ja die infizierte Samenflüssigkeit direkt in die Scheide kommt. Durch die zarte Haut gelangen die Viren ins Blut – auch ohne dass in der Scheide Verletzungen sein müssen. Während der Monatsblutung ist die Gefahr erhöht, sich beim Geschlechtsverkehr anzustecken.

Speichel und Tränen sind nicht ansteckend. Es ist weltweit kein einziger Fall bekannt geworden, bei dem das Virus durch Küssen übertragen wurde. Auch Petting ist ungefährlich. Wichtig scheint es allerdings zu sein, dass der Mann seinen Samenerguss nicht im Mund der Frau hat.

Ungeklärt ist noch, warum manche Frauen sich schon nach einem einmaligen ungeschützten Geschlechtsverkehr anstecken, andere wiederum nicht, obwohl sie regelmäßig ohne Kondom mit einem infizierten Partner schlafen.

Bereits vorhandene Geschlechtskrankheiten oder Verletzungen erleichtern die Ansteckung. Deshalb ist Analverkehr besonders gefährlich, bei dem das Glied in den Darmausgang der Partnerin oder des Partners gesteckt wird. Da diese Körperöffnung dafür nicht vorgesehen und nicht dehnbar genug ist, reißt sie leicht ein. So gelangt das Virus direkt in die Blutbahn. Da der Analverkehr besonders häufig von Homosexuellen praktiziert wird, ist das ihre größte Gefahrenquelle – vor allem wenn sie sehr aggressive Sexualpraktiken bevorzugen.

Auch Drogensüchtige, die gemeinsam ein Besteck verwenden, sind hochgradig gefährdet. Hier kommt erschwerend das Risiko hinzu, dass viele Drogensüchtige sich als Prostituierte oder Stricher Geld beschaffen müssen. Über ihre Kunden – meistens ganz normale Männer und Familienväter –, die sich nicht mit einem Kondom schützen, ist das HI-Virus immer weiter in die Bevölkerung einmarschiert. Viele solcher Männer verheimlichen ihre Kontakte zu Prostituierten oder Strichjungen, ihre Sexurlaube in Ländern der Dritten Welt oder auch ihre Ansteckung. Diese Männer sind der einzig wirklich hoffnungslose Fall in der Aids-Vorbeugung!

Genau da lauert die Gefahr für Frauen: Keinem Mann ist anzusehen, ob er drogenabhängig war, ob er auf den Strich geht, bisexuell oder Aids-infiziert ist. Da sich der Kreis also immer enger um uns zieht, gibt es nur eine Lösung: darauf zu bestehen, dass ein Kondom verwendet wird. Am besten ist es, selbst immer eins in der Tasche haben. Das ist nicht übervorsichtig, sondern überlebenswichtig.

Freundschaftliche Umarmungen und Wangenküsse sind nicht ansteckend. Auch Niesen und Husten sind keine Gefahr. In der Schule, beim Sport, in der Sauna, im Schwimmbad, auf Toiletten und in fremden Duschen: keine Gefahr! Haustiere und Mücken sind keine Ansteckungsquelle. Die menschliche Nähe zu Aids-Infizierten oder -Kranken ist mit keinem Risiko verbunden. Sie brauchen ganz besonders viel Zuwendung und Verständnis. Bösartige Bezichtigungen sind sinnlos und ungerecht. Wir alle müssen lernen, damit umzugehen.

Amerikanische Aids-Experten haben für Jugendliche in Bezug auf Aids sechs ganz wichtige Regeln aufgestellt, die vielleicht auch für dich ein Anhaltspunkt sein können:

1. Du hast das Recht, für dich selbst zu denken!
2. Du hast das Recht auf Sex. Und die Entscheidung, ob du mit jemandem schläfst und mit wem, liegt ganz allein bei dir! Du bestimmst auch, was ihr miteinander macht!
3. Du hast das Recht, dich beim Sex zu schützen!
4. Du hast das Recht, Kondome zu kaufen und zu benutzen. Und du hast allen Grund, stolz darauf zu sein, wenn du das tust!
5. Du hast das Recht, darauf zu bestehen, dass ihr Kondome verwendet!
6. Du hast das Recht, um Hilfe zu bitten, wenn du sie brauchst!

Glücklicherweise hält sich bei uns die Zahl der Betroffenen noch in Grenzen. Doch die Gefahr ist bei weitem nicht gebannt. Bereits vor Jahren warnte ein amerikanischer Aids-Wissenschaftler, dass Aids demnächst eine Familienkrankheit werde. In einigen afrikanischen Ländern hat sich dies auf entsetzliche Weise bereits bewahrheitet. Hunderte von Familien wurden durch die Krankheit ausgerottet, unzählige Menschen sterben täglich unter großen Qualen. Das Aids-Virus ist gerade dabei, Südafrika zu entvölkern. Es wird geschätzt, dass beispielsweise in Thailand schon mehr als die Hälfte aller Prostituierten – fast ausschließlich sehr junge Mädchen oder Kinder – das Virus in sich trägt.

Hier schließt sich der Kreis für uns: Jährlich fliegen etwa 300 000 deutsche Männer in dieses »Sexparadies«, wo sie Kinder finden, die ihnen zu Willen sind um ihre Familien durchzubringen. Die wenigsten Sextouristen verhüten mit Kondomen. Sie sind damit nicht nur für das Elend in jenen Ländern zuständig. Auch der Babystrich bei uns lebt von nach außen hin anständigen und »braven« Bürgern. Das bedeutet wiederum, dass sich das Risiko ihrer oft nichts ahnenden Freundinnen und Frauen dramatisch erhöht, sich unbemerkt anzustecken. Infizierte schwangere Frauen aber können während der Geburt und beim Stillen ihr Baby anstecken.

Ist es sinnvoll, einen Aids-Test zu verlangen?

Manche Menschen glauben allen Ernstes, dass man Leuten ansehen könnte, ob man sich bei ihnen ansteckt oder nicht. Das ist gefährlicher Unsinn. Sich von einem Jungen nachweisen zu lassen, dass er bei einem Aids-Test war, ist allerdings auch nur eine trügerische Sicherheit. Denn der derzeit gebräuchliche Test sagt nicht, ob und wann jemand an Aids erkrankt. Er weist nicht den Aids-Erreger nach, sondern nur die Reaktion des Körpers auf einen Kontakt mit dem Virus. Diese Körperantwort tritt erst nach zwölf Wochen auf. Das Testergebnis sagt nur etwas über Kontakte aus, die drei Monate und länger zurückliegen. Alle »frischeren« Infektionen werden dadurch nicht erfasst.

Einen Test zu machen wird all denjenigen geraten, die für sich selbst ein hohes Risiko befürchten: Homosexuelle Männer, die ständig wechselnde Partner haben, Drogenabhängige, die mit anderen an einer Nadel hängen, Frauen, die wissen, dass ihr Partner bisexuell oder drogenabhängig ist, und Sex-Touristen. Es geht dabei immer um einen eindringenden, ungeschützten Geschlechtsverkehr, nicht um Zärtlichkeiten! Wer nach einem »Fehltritt« – ungeschützter Verkehr mit einem Unbekannten im Urlaub oder nach einem Discobesuch etwa – einen Test erwägt, muss zwölf Wochen abwarten.

Jeder Infizierte – egal, ob er von seiner Ansteckung weiß oder nicht – kann andere Menschen anstecken. Damit trägt jeder Mensch nicht nur für sich selbst Verantwortung, sondern für alle Menschen, mit denen er zu tun hat. Oder auch für Kinder, die noch geboren werden sollen. Wenn nicht jeder Einzelne diese Verantwortung übernimmt, wird die Seuche nie eingedämmt werden.

Die Empfehlung von Aids-Experten an junge Leute: Wenn zwei Menschen mit »sexueller Vergangenheit« sich kennen und lieben lernen und zusammenbleiben wollen, sollten sie einige Monate nur mit Kondom Sex haben und sich dann testen lassen. Danach könnten sie gemeinsam in eine unbelastete Zukunft treten.

Einen Test kann man beim Hausarzt oder Frauenarzt machen lassen. In den öffentlichen Aids-Beratungsstellen ist der Test anonym und kostenlos. Hier sind im Ernstfall – also bei einem positiven Testergebnis – auch erfahrene Beratungspersonen da, die einem in dieser schweren Krise helfen können. Sie wissen, wie man trotz aller Ängste die notwendigen Entscheidungen treffen kann.

Sollte der Test tatsächlich positiv ausfallen, sind die Ärzte allerdings dazu verpflichtet, den Krankheitsfall dem Gesundheitsministerium zu melden.

Wie schütze ich mich vor Geschlechtskrankheiten?

Das Kondom schützt auch vor anderen Krankheiten, die beim Geschlechtsverkehr übertragen werden – den so genannten sexuell übertragbaren Krankheiten (STD = sexuell transmitted diseases). Das Ansteckungsrisiko erhöht sich mit jedem neuen Partner. Denn der Körper muss bei jedem Samenerguss jeweils mit neuen und anderen Bakterien fertig werden. Mit jedem neuen Partner kommen neue Krankheitserreger dazu. Da sich der Körper immer wieder mit anderen Anfechtungen auseinander setzen muss, kann das Abwehrsystem des Organismus allmählich in Mitleidenschaft gezogen werden. Das ist der Grund dafür, warum der ersten Infektion meist weitere folgen und sich oft mehrere Keime aufeinander setzen. Außerdem haben Mediziner festgestellt, dass Mädchen mit häufig wechselnden Partnern vermehrt zu Gebärmutterkrebs neigen. Als ein Grund dafür wird die Reizung des Gewebes durch wiederholte Entzündungen angenommen. Die gefürchtete Folge ist, dass die junge Frau keine Kinder mehr bekommen kann.

Die klassischen Geschlechtskrankheiten sind Gonorrhöe und Syphilis. Früher sind viele Menschen daran gestorben. Heute kommen sie eher selten vor und können durch verbesserte medizinische Möglichkeiten sogar geheilt werden. Doch sie sind beileibe nicht ausgerottet, sondern gerade wieder auf dem Vormarsch.

Durch Geschlechtsverkehr wechseln aber auch Pilze, Viren, Trichomonaden und bakterielle Erreger den »Besitzer«. Sie können lästige Beschwerden wie Juckreiz, Ausfluss und Brennen beim Wasserlassen hervorrufen. Wenn sie nicht behandelt werden, kann es passieren, dass die betroffenen Frauen unfruchtbar werden. Sie können dann keine Babys mehr bekommen.

Du kannst dich hauptsächlich bei direkten sexuellen Berührungen anstecken, also beim Geschlechtsverkehr. Die meisten Erreger sterben außerhalb des Körpers rasch ab. Eine Übertragung durch Toilettenbrillen oder gemeinsame Duschen etwa ist deshalb nicht möglich – mit Ausnahme von Pilzen. Die tückischen kleinen Dinger überleben auch in Schwimmbädern, Saunen und Sportanlagen. Wahrscheinlich sind sie in jedem Menschen vorhanden, ohne sich bemerkbar zu machen. Pilze werden ebenso wie Warzen und Herpes durch Viren übertragen, die sich drastisch vermehren können, wenn das Immunsystem geschwächt ist. Falsche Ernährung, Nikotin, Stress, Kummer, Ärger, zuwenig Bewegung und Entspannung schaden der Abwehrkraft.

Besonders gefürchtet sind Warzenviren, denen die Entstehung von Gebärmutterhalskrebs zur Last gelegt wird. Alle Unterleibsinfektionen können schwerwiegende Folgen nach sich ziehen, unter anderem ungewollte Kinderlosigkeit.

Weil in der Jugendzeit wechselnde Beziehungen eher die Regel als die Ausnahme sind, solltest du unter allen Umständen darauf bestehen, dass ein Kondom verwendet wird. Denn dies verhindert als einziges Mittel ziemlich sicher auch die Ansteckung von anderen sexuell übertragbaren Krankheiten.

Leider machen sich solche Genitalinfektionen anfangs oft nicht bemerkbar. Symptome für eine Ansteckung können sein: leichter bis starker, manchmal übel riechender Ausfluss, Brennen und Jucken in der Scheidengegend, Schmerzen beim Wasserlassen, Schmerzen im Unterbauch, Schmerzen und Brennen im Mund nach Intimküssen und unerklärliches Fieber.

Bei einem dieser Symptome solltest du gleich einen Arzt aufsuchen. Er kann mit Tabletten, Zäpfchen oder Salben wirksam helfen, wenn du seine Anweisungen befolgst. Oftmals müssen auch mehrere Krankheitserreger gleichzeitig bekämpft werden. Der oder die Partner müssen bei manchen solcher Infektionen ebenfalls behandelt werden.

Wer ein Kondom benutzt und auch sonst etwas auf sich aufpasst, erspart sich also eine Menge Unannehmlichkeiten und kann unbeschwerter durchs Leben gehen.

Ich wurde missbraucht – wo finde ich Hilfe?

Sexuelle Gewalt gegen Kinder und Jugendliche ist leider verbreiteter, als es allgemein wahrgenommen wird. Glücklicherweise wird das Schweigen heute häufiger gebrochen und das Unrecht strafrechtlich verfolgt. Kaum ein Tag vergeht, an dem wir nicht aus Zeitungen oder in unserem Umfeld von neuen Fällen hören. Die Zahl der Betroffenen, die den Missbrauch öffentlich machen und die Täter verfolgt sehen wollen, wächst. Auch Jungen sind Opfer sexuellen Missbrauchs, ebenso wie Frauen als Täterinnen in Frage kommen.

Seltener passiert der Sex gegen den eigenen Willen mit völlig Unbekannten. Recht häufig sind es Männer aus der eigenen Familie, nicht selten sogar der eigene Vater. Es ist nicht schwer, sich vorzustellen, was das für ein Mädchen bedeutet. Damit wird ihr zum einen gegen ihren Willen eine noch nicht altersgemäße sexuelle Erfahrung aufgezwungen – meist unter dem Einsetzen körperlicher Gewalt. Zum anderen findet dies mit einer Person statt, die eigentlich eine Vertrauensperson sein soll. Da fällt es natürlich besonders schwer, sich jemandem anzuvertrauen.

Ein älteres Familienmitglied hat meist aufgrund seiner Körperstärke und seiner Stellung in der Familie so viel Macht, dass Abwehr oder Gegenwehr kaum möglich ist. Die Mutter oder ältere Schwester kommen als Ansprechpartnerinnen meist nicht in Frage. Mütter wollen es oft gar nicht wahrhaben, dass ihr Mann oder Partner, der Vater ihrer Kinder, ein Vergewaltiger ist. Manchmal bezichtigen sie ihre Tochter sogar zu lügen, wenn sie sich überwindet und erzählt, was ihr angetan wurde. Das ist eine Verletzung, die den missbrauchten Mädchen noch zusätzlich zugefügt wird. Obwohl sie selbst die Opfer sind, fühlen sie sich schuldig, schämen sich, haben Angst und sind zutiefst einsam.

Das betroffene Mädchen ist in dieser Opferrolle eingezwängt, weil es den Erwachsenen nicht entfliehen kann. Typisch für den sexuellen Missbrauch in der Familie ist die Wiederholung und der Druck der Geheimhaltung. Manchmal geht diese Qual über viele Jahre hinweg. Viele Mädchen sehen oft erst in der Pubertät, wenn sie selbst erwachsen werden, die Möglichkeit, darüber zu sprechen und dem Teufelskreis zu entfliehen.

Vergewaltigung durch bekannte oder fremde Männer ist ein brutales, entsetzliches und demütigendes Ereignis, das nicht selten lebensgefährlich ist. Es kann Jahre, manchmal sogar ein Leben lang dauern, bis sich die Betroffenen seelisch wieder einigermaßen erholen und sich sicher fühlen können. Lange Zeit wurde über solche Dinge nicht gesprochen.

Jedes Mädchen, jede Frau kann gegen ihren Willen zum Sex gezwungen, kann Opfer einer Vergewaltigung werden. Keine kann etwas dafür. Es ist und bleibt ein unerlaubter Übergriff und damit ein kriminelles Delikt. Und zwar völlig unabhängig davon, wie die Frau aussieht, wie sie angezogen ist, im Mini oder hochgeschlossen, und wie sie sich verhalten hat, aufreizend oder desinteressiert. Überdies ist es ja auch einem Mann nicht anzusehen, ob er ein Vergewaltiger ist oder nicht. Obwohl solche Männer schwer gestört sind und Frauen verletzen wollen, erscheinen sie oft nach außen hin völlig normal.

Wer Opfer einer Vergewaltigung wurde, braucht unbedingt Hilfe. Ist die Gewalt innerhalb der Familie ausgeübt worden, wird von dieser Seite keine Hilfe zu erwarten sein. Es gibt für Mädchen und Frauen in solchen Situationen ganz spezielle Hilfseinrichtungen (Adressen findest du ab Seite 160), in denen sie von Menschen aufgenommen werden, die mit vergleichbaren Fällen Erfahrungen gemacht haben. Hier können sie meistens eine Weile unterkommen, bis sie wissen, was zu tun ist, hier lernen sie Frauen kennen, die gerade Ähnliches durchmachen, und können über ihre Gedanken und Gefühle sprechen. Oft werden auch Trainingskurse für alle Interessierten angeboten, in denen Schutzverhalten für bestimmte Gefahrenmomente eingeübt wird.

Sexuelle Gewalt hat fast immer Auswirkungen auf die spätere Partnerschaft bis hin zur Unfähigkeit, sich in einer Beziehung zu einem Mann wohl zu fühlen. Je eher über die Vergewaltigungen gesprochen wird und ein Mädchen Menschen findet, die ihm wieder Halt und Vertrauen geben, desto besser sind jedoch seine Chancen, das Erlebte zu verarbeiten.

— **Wieso bin ich auf einmal viel schlechter in der Schule?**
Wahrscheinlich bist du im Moment durch andere Dinge abgelenkt.

— **Warum wollen meine Eltern nicht, dass ich mit der Schule aufhöre?**
Weil eine gute Ausbildung für deine Zukunft sehr wichtig ist.

— **Warum bin ich jetzt immer so müde?**
Die körperlich-seelische Entwicklung kostet sehr viel Kraft, außerdem hast du wahrscheinlich ein ziemlich intensives Tagesprogramm.

— **Warum wollen manche Leute wieder reine Mädchenklassen einführen?**
Weil Mädchen offenbar besser lernen können, wenn sie unter sich sind.

— **Wenn ich sitzen geblieben bin und meine, dass es nicht gerechtfertigt ist, was kann ich tun?**
Wenn du glaubst, berechtigte Gründe zu haben, kannst du offiziell Beschwerde einlegen.

— **Ich schaffe die Schule einfach nicht, ist das so schlimm?**
Nein, ist es nicht, wenn du dich für eine andere Berufsausbildung interessierst.

— **Welchen Beruf könnte ich ergreifen?**
Fast jeden. Entscheidend sind deine Fähigkeiten und deine Wünsche für die Zukunft. Lass dich ruhig mal beraten.

— **Müssen mir meine Eltern Taschengeld geben?**
Nein, das ist eine völlig »freiwillige« Angelegenheit.

Wie kann ich mich für die bedrohte Umwelt einsetzen?
Zunächst einmal in deinem privaten Umfeld. Und dann bei allen anderen Umweltorganisationen, die meisten haben eigene Jugendgruppen.

Meine Freundin ist in einer Sekte, soll ich mich ihr anschließen?
Nein, besser nicht: Sekten sind sehr selten eine empfehlenswerte Sache, oft sind sie sogar gefährlich! Versuche lieber deine Freundin dazu zu bringen, sich mit dir gemeinsam woanders zu engagieren.

Weshalb habe ich plötzlich keine Lust mehr auf Schule?

Viele Jugendliche kommen in der Schule gut über die Runden, andere bemerken in der Pubertät einen jähen Abfall ihrer Leistungen und vor allem ihrer Schullust. Während der Entwicklungsphase können sich unweigerlich neue Hindernisse in den Schulweg stellen – zumal die Schule von heute sowieso kein Ort ist, an dem es besonders ruhig zugeht. Du bist jetzt vielleicht oft mehr mit dir selbst, mit deinen Freundinnen und Freunden, deinem Aussehen oder deiner neuen Liebe beschäftigt. Vielleicht hast du auch nur keine Lust mehr zu irgendwas, fühlst dich erschöpft, müde und uninteressiert. Oder du träumst einfach viel vor dich hin. Das kann dir auch passieren, wenn du vorher eine gute Schülerin warst und es dir weder an Interesse noch an Einsatzwillen mangelte.

Warum das so ist, kann man sich nicht recht erklären. Neuere Forschungen sind zu dem Ergebnis gekommen, dass sich im Gehirn in der Zeit der Pubertät noch wesentliche Vernetzungen vollziehen. Deshalb hat das Gehirn gewissermaßen einige Zeit »wegen Umbau« geschlossen. Du kannst sicher sein, dass es fast allen in dieser Zeit so ging und so geht.

Jugendliche finden Schule überflüssig und Lehrer schlicht blöd. Es ist zugegebenermaßen nicht ganz leicht einzusehen, warum du für eine unbestimmte Zukunft arbeiten sollst, wenn du gerade so viele andere spannende Dinge erlebst. Die Folge davon kann sein, dass die Noten plötzlich in den Keller rutschen, die Versetzung gefährdet ist und du plötzlich den Wunsch hast, die Schule an den Nagel zu hängen und »endlich« mit dem »richtigen« Leben anzufangen.

Am unerträglichsten werden dir vielleicht in dieser Situation die Sprüche der Erwachsenen sein, mit denen sie dich zum Durchhalten ermuntern wollen. Wenn du ehrlich bist, wirst du ihnen aber Recht geben müssen: Du lernst wirklich nicht für deine Eltern, sondern für dich selbst und dein späteres Leben. Auch wenn du dir heute noch nicht vorstellen kannst, was du »mit dem Schulkram« anfangen sollst und wie dein Leben überhaupt aussehen wird.

Das entscheidende Argument ist, dass eine gute Schulbildung in der Jugend einem Menschen ein großes Maß an Eigenständigkeit und Freiheit gewährt. Man hat die besseren Entscheidungsmöglichkeiten über Ausbildung und Beruf, kann besser Geld verdienen und muss sich über eine Reihe von Dingen weniger Sorgen machen. Selbst in wirtschaftlich schlechten Zeiten steht man besser da, wenn man etwas kann und möglichst viel weiß.

Es ist längst erwiesen, dass gerade Frauen sehr viel leisten und sehr gute Chefs sein können. Eine gute Ausbildung macht sie selbstbewusst und stark. Für junge Frauen ist das besonders wichtig, denn die meisten wollen ja später Beruf und Familie unter einen Hut bekommen.

Bei fast allen hat der Anfall von Lustlosigkeit bald wieder ein Ende, wenn sie sich ein wenig an ihre neue Situation gewöhnt haben. Das bedarf allerdings eines gewissen Organisationstalents. Denn in den Tag eines heranwachsenden Menschen muss ja ganz schön viel hineinpassen: die heute enormen Anforderungen in der Schule (die wegen der schlechten Ergebnisse der Pisa-Studie weiter an Bedeutung gewinnen werden) müssen bewältigt werden, die Hausaufgaben gemacht, die Sportstunde wahrgenommen, der Umweltverein bedacht, die Arbeitsgemeinschaft absolviert werden. Obendrein möchtest du dich verständlicherweise noch amüsieren, ins Theater, ins Kino oder zum Tanzen gehen, deine Freunde treffen und natürlich auch hin und wieder etwas mit der Familie machen. Dazu gehört eine erdenkliche Portion Energie und Willenskraft, die ganz allein aus dir kommen muss.

Von deinem vernünftigen Verhalten jetzt hängt viel für dich ab. Das wird dir sicherlich auch oft genug gesagt. Leider ist es deswegen nicht weniger wahr: Die Weichen, die für deine Zukunft maßgebend sind, stellst du jetzt selbst!

Warum macht mich die Schule immer so müde?

Wahrscheinlich bist du zur Zeit nicht besonders motiviert, dich in der Schule richtig zu konzentrieren. Hinzu kommt, dass der Organismus in der Wachstumsphase auch so manchmal schon ziemlich angestrengt ist. Forscher haben festgestellt, dass sich das Gehirn in der Pubertät noch einmal aus- und umbaut. Das allein macht schon müde. Und natürlich hast du wahrscheinlich oft eine ziemlich anstrengende Freizeit mit vielen Aktivitäten wie Sport- und Musikstunden oder du triffst dich mit Freundinnen. Gerade jetzt wird in der Schule viel verlangt. Du wirst oft für viele Fächer und viele Klassenarbeiten gleichzeitig arbeiten müssen. Oder du stehst gerade am Anfang deiner Berufsausbildung, wo viel Neues auf dich einstürmt.

Mit ein paar Tipps kommst du in der Schule, mit den Hausaufgaben oder mit deiner Berufsausbildung gut über die Runden: Versuche dir als Erstes klar zu machen, dass du lernst, weil es dich auf deinem Weg zu einem tollen Beruf weiterbringt. Auch wenn du bei einzelnen Sachen noch nicht weißt, wozu du sie später einmal brauchen könntest. Vor allem trainierst du jetzt, eigenständig zu arbeiten und deinen Verstand zu gebrauchen. Du entwickelst Selbstdisziplin, Willenskraft, Zielstrebigkeit, Arbeitstechniken und die Fähigkeit, Probleme logisch zu lösen.

Entspannung ist der sinnvollste Weg, sich zu konzentrieren. Entspannungsübungen sind nicht nur dazu da, den Körper zu entkrampfen, sondern auch um den Kopf frei zu machen. Recke und strecke dich ab und zu mal. Lass den Kopf sanft im Nacken kreisen und atme dabei kräftig durch. Wer sich zu angespannt fühlt, kann an der Volkshochschule einen Kurs für autogenes Training belegen. Mit bestimmten Übungen lässt sich das vegetative Nervensystem beeinflussen und bewusst auf Entspannung umschalten. Das hilft auch bei Schlafstörungen!

Hungerkünstler sind weniger leistungsfähig als alle, die sich mäßig, aber regelmäßig ernähren. Ohne ein richtiges Frühstück sinkt beispielsweise die Leistungsfähigkeit schon um zehn Uhr immer weiter ab. Das ist normalerweise eine Zeit, in der man auf Hochtouren läuft. Ein Frühstück mit Tee, Kaffee, Milch, Obst, Vollkornbrot oder Müsli ist am besten. In den großen Schulpausen solltest du eine Kleinigkeit essen, aber auf jeden Fall etwas trinken. Zum Mittagessen solltest du deine Eltern um etwas Leichtes bitten: Suppe, Gemüse, Salat, Früchte, Joghurt, Quarkspeisen. Nachmittags bei den Schularbeiten kannst du dir einen Kakao oder einen Fruchtsaft gönnen. Abends nach getaner Arbeit in aller Ruhe ist ein gutes Essen eine erlaubte Belohnung. Nach dem Essen lernen bringt wenig. Da ist dein Körper mit der Verdauung beschäftigt. Spitzenwerte erreicht die Leistungsfähigkeit morgens zwischen 9 und 10 Uhr und nachmittags gegen 17 Uhr. Tagsüber bist du aufnahmefähiger als nachts. Bei besonders großem Stress vor Klassenarbeiten solltest du deshalb nicht bis spät in die Nacht lernen, sondern ruhig morgens mal eine Stunde früher aufstehen.

Außerdem ist das richtige Arbeitspensum wichtig. Lieber mit weniger Zeit und Lernstoff, aber rechtzeitig genug anfangen und dann langsam steigern. Ein Stundenplan, der Arbeits- und Freizeit festlegt, erleichtert dir das tägliche Lernpensum – lässt es sogar manchmal größer werden. Realistisch muss der Zeitplan allerdings sein, sonst bekommst du nur schlechtes Gewissen. Was du in langer Zeit versäumt hast, kannst du sicher nicht innerhalb weniger Tage einpauken. Belohnungen – ein Kinobesuch, ein erholsames Bad, ein spannender Fernsehkrimi etwa – für durchgehaltene Lernzeiten und vorher festgesetzte Lernerfolge sind ebenfalls eine große Hilfe. Denn das ist auch eine wichtige Regel: Wer ordentlich arbeitet, der darf sich ruhig ordentlich amüsieren.

Dein Arbeitsplatz sollte entsprechend vorbereitet sein: Ein fester Platz, an dem du ruhig und ungestört arbeiten kannst, ist ein Muss. Eine gewisse Ordnung erhöht die Konzentration. Alle Dinge, die ablenken können – wie Fotos, Zeitschriften, Essen –, so weit wie möglich verbannen.

Wer während des Unterrichts mitgeschrieben hat, hat alles schon einmal »durch den Arm fließen« lassen und kann praktisch zu Hause in seinem eigenen Lehrbuch nachlesen. Weiter gefestigt wird der Stoff, wenn er noch einmal sauber ins Schulheft übertragen wird. Viele Schüler halten sich unnötig lange mit dem Lesen eines Stoffes auf. Das Tempo lässt sich erheblich beschleunigen, wenn du nicht jedes einzelne Wort liest. Durch wiederholtes Üben kann man nach und nach ganze Wortgruppen mit dem Auge erfassen. Das Lesetempo muss natürlich der Schwierigkeit des Textes angepasst sein. Zusätzliche Lernhilfe beim Lesen: sich die wichtigen Passagen farbig anstreichen.

Viele schwören darauf, mit anderen zusammen zu lernen. Andere können nur alleine lernen. Das ist eine Frage des persönlichen Stils. Am sinnvollsten ist wahrscheinlich eine Kombination aus beidem. Einzelarbeit ist oft effektiver, doch in der Gruppe kann man sich gegenseitig inspirieren. Gruppenarbeit vermindert die Prüfungsangst, weil man über den Stoff zu sprechen lernt, immer noch mal wieder nachfragen und die Prüfungssituationen üben kann. Außerdem weiß man, dass man nicht allein ist. Dass man vor Klassenarbeiten und

Prüfungen nervös ist, ist völlig normal. Aber schon das Gefühl, gut vorbereitet zu sein und gelernt zu haben, gibt Sicherheit und stärkt das Erinnerungsvermögen.

Letzter Gedächtniskick sind »Beschwörungsformeln« wie »Mir werden die richtigen Antworten einfallen«, »Ich erinnere mich an alles, was ich gelernt habe«, »Ich bin vollkommen ruhig und sicher«. Dann kann eigentlich nichts mehr schief gehen!

Stimmt es, dass Mädchen in der Schule benachteiligt werden?

Die so genannten Koedukationsschulen wurden vor 20 Jahren als ein großer Erfolg gefeiert. Man glaubte durch die gemeinsame Erziehung von Jungen und Mädchen die Trennung der Geschlechter und die Benachteiligung für Mädchen endlich aufheben zu können. Doch schon werden wieder Einwände laut. »Schule macht Mädchen dumm«, heißt es sogar, und das ist gar nicht einmal böse gemeint: Es finden sich in der gemischten Schule die alten Rollenverteilungen, die Jungen spielen die »Macker« und die Mädchen passen sich an.

Die alten Rollenregeln sind bei sich selbst schwer zu erkennen, denn sie »verlangen« nicht unbedingt, dass ein Mädchen dumm sein muss. Doch es muss seine Leistung so dosieren, dass Jungen davon nicht abgeschreckt werden. Konkurrenz gilt als etwas Aggressives, das Frauen in unserer Gesellschaft oft noch nicht zugestanden wird. Damit wird die unterschwellige Angst ausgelöst, dass ein Mädchen, das auf einem traditionellen Männergebiet konkurriert und Erfolg hat, nicht als »richtiges« Mädchen angesehen, sondern als herrschsüchtige »Emanze« abgetan wird.

Obwohl Mädchen sehr klug, oft sehr viel lernwilliger sind, seltener sitzen bleiben und auch die besseren Zensuren haben, bleiben ihre Leistungen schlechter als erwartet. Nach der Schule machen nicht sie, sondern die Jungen Karriere, weil sie sich eher auf zukunftsorientierte Berufe in Naturwissenschaft, Technik und Wirtschaft hin orientieren. Mädchen entscheiden sich fast automatisch für die schlechter bezahlten »typisch weiblichen« Berufe, in denen es wenig Aussicht auf Erfolg gibt. Weil sie diesen inneren und äußeren Widerspruch nicht überwinden können, schränken sie selbst ihre künftigen Lebens-, Arbeits- und Karrieremöglichkeiten ein.

Mädchen kommen – wie immer wieder festgestellt wird –, vor allem in naturwissenschaftlich-mathematischen Fächern zu kurz. Es gibt inzwischen auf Betreiben von Schülerinnen, Lehrerinnen und Eltern an einigen Schulen Modellversuche, in denen Jungen und Mädchen für bestimmte Fächer getrennt werden. Sind keine Jungen dabei, sind die Mädchen konzentrierter und haben mehr Spaß an der Zusammenarbeit. Auch die stilleren trauen sich Fragen zu stellen und Experimente zu machen. Ihnen fehlen vor allem Vorerfahrungen mit Technik, deshalb resignieren sie eher, wenn Jungen dabei sind, und haben keinen Mut, »unweibliche« Dinge auszuprobieren.

Ein weiterer Kritikpunkt: Jungen werden im Unterricht stärker beachtet und häufiger aufgerufen als Mädchen. Sie beanspruchen mehr Raum, mehr Aufmerksamkeit und erwarten unbewusst, dass die Mädchen ihnen nachgeordnet sind. Ihre Interessen werden bei der Themenauswahl wesentlich weniger berücksichtigt. Die Leistungen von Jungen werden höher eingeschätzt, auch wenn sie objektiv gesehen schlechter sind.

Wenn du und deine Schulkameradinnen das Gefühl habt, dass es euch ähnlich ergeht, solltet ihr versuchen, mit interessierten Lehrerinnen und Lehrern darüber zu sprechen. Vielleicht könnt ihr eine Arbeitsgemeinschaft gründen, in der ihr Vor- und Nachteile des Trennungsunterrichts diskutiert.

Möglicherweise wollt ihr auch an eurer Schule einen solchen Modellversuch starten. Auf eines müsst ihr euch allerdings gefasst machen: Die Jungen in eurer Klasse werden davon nicht begeistert sein. Sie haben verständlicherweise kein Gefühl dafür, wo Mädchen benachteiligt werden, weil das für sie Vorteile bringt. Mädchen haben ihren Spielraum erweitert, indem sie sich für Familie und Beruf engagieren.

Kann man Noten oder Sitzenbleiben anfechten?

Ganz problemlos wird die Schule nie sein. Es wird immer Lehrer und Lehrerinnen geben, mit denen du mehr, weniger oder gar nicht klarkommst. Es kann sein, dass dir bestimmte Fächer nicht liegen oder dass dir der Lehrstoff manchmal zu schwer ist. Schüler und

Schülerinnen in der Pubertät fühlen sich aber auch oft schnell falsch behandelt oder zu schlecht beurteilt. Nicht immer muss das am Lehrer liegen, vor allem dann, wenn diese Probleme erst mit dem Eintritt in diese Entwicklungszeit auftreten. Dann müssen manchmal die Lehrer für alle auftretenden Probleme oder generell Unlust den Kopf hinhalten. Das ist dann nicht sehr fair.

Aber natürlich kommt es vor, dass ein Lehrer mal »danebenhaut« oder einem wirklich aus persönlichen Gründen Steine in den Weg legt. Dann müssen Schüler selbstverständlich nicht alles hinnehmen. Wer sich in der Schule ungerecht benotet fühlt, hat das Recht, sich zu wehren. Und zwar dann, wenn dem Lehrer Verfahrensfehler unterlaufen sind. Zum Beispiel bei einer Klassenarbeit oder Prüfung, wenn der Prüfer beispielsweise die Prüfbögen zu früh eingesammelt hat, geduldet hat, dass die Prüflinge durch Lärm gestört wurden, oder sich bei der Bewertung von seinen persönlichen Gefühlen und Ansichten hat leiten lassen.

Wenn du glaubst, berechtigte Gründe für eine Beschwerde zu haben, solltest du Buch führen über alle Klassenarbeiten und deren Rückgabedatum, über Unterrichtsausfall und Vertretungen mit sachfremdem Unterricht. Zudem ist es gut, wenn du die Allgemeine Schulordnung genau kennst, in der alle Rechte und Pflichten von Schülern und Lehrern aufgeführt sind. Diese muss auch Schülern zugänglich sein.

Logischerweise ist es besser, wenn du versuchst, die Situation in einem Gespräch mit deinem Lehrer zu klären, vielleicht ziehst du den Vertrauenslehrer hinzu. Denn es ist auf alle Fälle zu überlegen, ob du nicht mehr Porzellan zerschlägst, wenn du dich zur Wehr setzt. Nutzt dies nichts, gibt es die Möglichkeit eines formlosen Rechtsbehelfs in Form einer Gegendarstellung. Bei Minderjährigen schreiben die Eltern einen Brief an die Schulleitung und stellen ihre Meinung ausführlich dar. Volljährige Schüler können das selbst machen. Jeder Schüler hat Anspruch darauf, dass sein Anliegen von der Schule geprüft wird. Die Schulaufsichtsbehörde überprüft die Entscheidung der Schule und ändert sie gegebenenfalls. Ist die Schülerin oder der Schüler damit nicht zufrieden, kann sie oder er sich an die nächsthöhere Schulbehörde wenden. Erzwingen lässt sich aber auf diesem Wege nichts. Es sollte wirklich nur eine absolute Notfallmaßnahme bleiben.

Entscheiden eine oder mehrere Noten, die man als nicht gerechtfertigt empfindet, über die Versetzung in die nächste Klasse, so ist in diesem Fall ein förmlicher Rechtsbehelf nötig. Dieser besteht zunächst aus einem Brief an die Schulleitung. Darin müssen in einem so genannten Widerspruchsverfahren drei Punkte geklärt werden:

- Es wird Widerspruch gegen eine konkrete Note eingelegt.
- Man stellt einen Antrag auf Versetzung in die nächste Klasse.
- Die Verfahrensfehler des Lehrers bei der Benotung müssen begründet werden.

Der Brief muss innerhalb von vier Wochen nach der Zeugnisausgabe per Einschreiben beim Schulleiter eingetroffen sein. Nun entscheidet die Versetzungskonferenz unter Vorsitz des Schulleiters über die Versetzung. Werden die angefochtenen Noten nicht geändert, gibt der Schulleiter den Widerspruch an die Schulaufsichtsbehörde weiter. Korrigiert sie die Entscheidung der Versetzungskonferenz nicht, erhält der Schüler innerhalb von drei Monaten einen offiziellen Bescheid.

Jetzt gibt es nur noch die Möglichkeit, beim zuständigen Verwaltungsgericht Klage zu erheben. Solche Verfahren dauern meist recht lange. Deswegen sollte man eine »einstweilige Anordnung« beantragen, um trotzdem zu Schuljahresbeginn in die neue Klasse zu kommen. Es müssen hieb- und stichfeste Gründe für die Klage vorhanden sein. Jux, Rache oder ein getroffenes Selbstwertgefühl sind keinesfalls ausreichende Gründe und zeugen eher von Unreife.

Kann ich nicht einfach von der Schule abgehen?

Schulunlust ist eine verbreitete »Krankheit« in der Pubertät. Viele Mädchen spielen mit dem Gedanken, die Schule zu verlassen, sich einen Job zu suchen, so schnell wie möglich unabhängig zu sein und Geld zu verdienen. Schwierigkeiten in der Schule verstärken diesen Wunsch noch. So verführerisch diese Idee ist, so unrealistisch ist sie für die meisten. Denn das »wirkliche« Leben ist viel anstrengender, als es dir jetzt in deinen Träumen erscheint. Es bleibt leider dabei: Das Beste, was du tun kannst, ist, in diesen Tiefs durchzuhalten. Alles, was du jetzt in deine Ausbildung investierst, kommt nämlich niemand anderem als dir selbst zugute. Deinen Eltern nicht und deinen Lehrern nicht – nur dir!

Wenn du ernsthafte Schwierigkeiten in der Schule hast, in einem oder mehreren Fächern nicht richtig mitkommst, musst du dir natürlich überlegen, wie du diese Klippe überwindest. Nachhilfe kann da oft Wunder wirken. Die Flinte ins Korn zu werfen wäre ein Jammer. Denn du wirst es mit dem Lernen nie wieder so leicht haben wie jetzt. Im Anschluss an eine Lehre später eine Fachschule zu besuchen oder neben einem Job das Abitur nachzuholen, erfordert sehr viel mehr Entschlossenheit, Einsatz und Kraft.

Keinen höheren Schulabschluss zu schaffen ist allerdings kein Weltuntergang. Es gibt viele interessante Berufe, in denen du deine Fähigkeiten zur Entfaltung bringen kannst. Wenn du langsam zu der Überzeugung kommst, dass die Schule wirklich nichts für dich ist, solltest du mit deinen Eltern – vielleicht mit der Unterstützung deiner Lehrer – klären, welchen Weg du einschlagen könntest. Selbst wenn du keinen sehnlicheren Wunsch hast, als von der Schule abzugehen, heißt das nicht, dass du nicht mehr den Wunsch hast, weiterzulernen, oder dass du dies niemals tun wirst. Manchmal hilft schon ein Wechsel der Schule.

Viele Mädchen stützen sich bei ihrer Berufswahl auf das, was sie aus Zeitschriften, Fernsehen oder ihrer Umgebung erfahren haben. Da das Frauenbild, das dort vermittelt wird, sich meist auch auf die »typischen« Berufe beschränkt, wie Sekretärin, Krankenschwester, Bankangestellte oder Lehrerin, wird dringend geraten, sich beim Arbeitsamt ausführlich informieren zu lassen. Es gibt nämlich Hunderte von interessanten Berufen, von denen man oft gar nichts weiß. Lass dich auf alle Fälle von niemandem in eine Richtung drängen, die du nicht akzeptieren kannst. Und lass dich auch nicht davon abhalten, einen Beruf zu ergreifen, der noch als Männerberuf gilt. Es gibt keine Männer- und Frauenberufe, sondern nur Berufsmöglichkeiten, die von beiden Geschlechtern gleichermaßen ergriffen werden können.

Das gilt auch für die Wahl eines Studiums: Studiere nur etwas, was du wirklich willst und wofür du dich richtig engagieren kannst. Denn nur dann wirst du gerne und erfolgreich arbeiten. Und noch etwas: Achte dabei nicht auf den aktuellen Arbeitsmarkt. Bisher haben sich fast alle Zukunftsprognosen, wie viele Akademiker aus welchen Fächern gebraucht werden, als falsch erwiesen. Wenn du etwas kannst, was dir liegt und worin du aufgehen kannst, wirst du immer eine Möglichkeit finden, zu arbeiten. Entscheidend sind deine Fähigkeiten und deine eigenen Wünsche an deine Zukunft!

Wie bekomme ich mehr Taschengeld?

Wie Jugendliche mit ihrem Taschengeld umgehen, ist in vielen Familien immer wieder Anlass für einen handfesten Krach. Besonders dann, wenn die Kinder verschwenderisch sind oder die Eltern vorschreiben wollen, wie ihr Kind damit umzugehen hat und was es sich dafür nicht kaufen soll. Andererseits fließen heute enorme Summen durch die Hände von Kindern und Jugendlichen.

Im Bürgerlichen Gesetzbuch gibt es einen Paragraphen, aus dem deutlich hervorgeht, dass auch Minderjährige über ihr wöchentliches und monatliches Taschengeld frei verfügen sollen und dürfen. Allerdings sind Eltern nicht dazu verpflichtet, überhaupt Taschengeld zu zahlen oder sich auf eine bestimmte Höhe festzulegen. Als Orientierungshilfe für die Höhe des Taschengeldes geben die Jugendämter jedes Jahr neue Richtlinien heraus.

Für alle Einkäufe, die du mit deinem Taschengeld machst, gelten dieselben Rechte wie für Erwachsene. Deine Eltern können dich nicht mit etwas, was du gekauft hast und was ihnen nicht gefällt, wieder ins Geschäft schicken um das Geld zurückzuverlangen. Das ist nur möglich, wenn du über das Ziel hinausgeschossen bist und dir etwas gekauft hast, was die übliche Taschengeldhöhe übersteigt. Solange du minderjährig bist und deine Eltern diesen Kauf nicht genehmigt haben, kann er von ihnen rückgängig gemacht werden.

Wenn das von deinen Eltern spendierte Taschengeld nicht ausreicht – und das ist wohl relativ oft der Fall –, kannst du dir überlegen, ob du dich nicht schon mal in die Selbstständigkeit stürzt und dir eine Arbeit suchst. Zwei Dinge sind dabei zu bedenken: Wenn du Schwierigkeiten in der Schule hast oder dich allgemein nicht so gut fühlst, musst du aufpassen, dass du dich nicht übernimmst. Schau dann lieber erst, dass du deine Probleme in den Griff bekommst. Denn wenn du dir nun noch zusätzlich Stress verschaffst, verschlimmerst du deine Situation nur. Abgesehen davon solltest du dir einen Job suchen, der dir Spaß macht, bei dem du deine Begabung, dein Können und dein Wissen gewinnbringend einsetzen kannst. Damit schöpfst du Erfahrungen, die dir später nützlich sein können.

Möglicherweise machen sich deine Eltern Sorgen, dass du deine Schul- oder Berufsausbildung dadurch gefährdest. Da hilft nur ein offenes Wort. Du solltest ruhig mit ihnen besprechen, inwieweit sie dich da unterstützen können. Sicher werden sie nämlich auch stolz darauf sein, dass du schon so viel Verantwortung für dich übernehmen möchtest.

Darf ich einen Job annehmen?

Schüler unter 18 Jahren, die noch zur Realschule oder aufs Gymnasium gehen, dürfen nur während der Schulferien für höchstens vier Wochen pro Kalenderjahr jobben. Und das auch erst ab dem 15. Lebensjahr. Dinge, die du tun kannst, gibt es viele: So brauchen viele Leute jemanden, der sich um Haus und Garten, um Kinder und Tiere, um Küche und Wäsche, um Besorgungen und kleinere Büroarbeiten kümmert. Auch ungewöhnlichere Sachen wie Fahrrad-Kurierdienste, Brötchen-Bote, Pflanzendienst, Fensterputz-Service oder Öko-Müll-Abholer könntest du dir ausdenken. Hör dich bei deinen Eltern, in deiner Nachbarschaft, in der Schule um, wo es was zu tun gibt. Du kannst eine Annonce im örtlichen Anzeigenblättchen aufgeben. Fühlst du dich nicht zu einer ausgefallenen Sache berufen, beginnst du einfach mit den klassischen Schülerarbeiten: Nachhilfestunden geben, Nachbarskinder beaufsichtigen, Zeitungen austragen oder ältere Menschen betreuen.

Gegen einen regelmäßigen kleinen Job, der monatlich nicht mehr als 400 Euro einbringt, haben weder Finanzamt noch Versicherungen etwas einzuwenden. Vorausgesetzt, das ist deine einzige Einnahmequelle. Tätigkeiten wie Babysitting, auf Tiere aufpassen oder Besorgungen erledigen gelten nicht als Arbeit, sondern als Gefälligkeiten. Auch wenn du ausrangierte Kleidung verkaufst oder dein Hobby – etwa Töpfern – zu einer Geldquelle machst, interessiert das niemanden. Sollte sich aber daraus ein richtiges Gewerbe entwickeln und solltest du dann auch noch mit anderen zusammenarbeiten, müsstest du vielleicht den Steuerberater deiner Eltern um Rat fragen. Sinnvoll ist es auf jeden Fall, ein kleines Kassenbuch anzulegen, in dem du Einnahmen und Ausgaben notierst. So behältst du den Überblick und kannst auch prüfen, ob deine Arbeit sich lohnt. Deine Eltern haben übrigens prinzipiell das Recht, mit zu entscheiden, was mit dem Lohn geschehen soll. Sie können verlangen, dass du davon zu Hause etwas ablieferst. Ein eigenes Konto kannst du bereits als Kind bei Banken oder Sparkassen eröffnen. Ein Elternteil hat jedoch bis zu deiner Volljährigkeit Vollmacht darüber. Wenn du gespartes Geld hast, ist es sinnvoll, ein Sparkonto anzulegen, auf dem dein Geld für dich Zinsen bringen kann.

Wie kann ich mich für etwas Sinnvolles engagieren?

Viele Jugendliche sind auf der Suche nach etwas, wofür sie sich engagieren können. Dabei lernen sie, eine eigene Meinung zu haben und sie auch zu vertreten. Sie interessieren sich praktisch für alle Bereiche des Lebens: Religion, Theater, Kunst, soziale Ungerechtigkeiten, Drogenbekämpfung, das Elend in den Entwicklungsländern oder die bedrohte Umwelt. Auch Politik gehört dazu, ist allerdings momentan nicht der große Reißer unter Jugendlichen. Junge Leute haben meist einen besonders klaren Blick dafür, wo etwas nicht stimmt. Und was ihnen nicht passt, möchten sie verständlicherweise ändern.

Überall gibt es Gruppen, in denen Jugendliche arbeiten können. So haben beispielsweise die Parteien und die Umweltorganisationen meist spezielle Jugendgruppen. In den Schulen gibt es Theater- und Kunstgemeinschaften. Auch die Volkshochschulen bieten viele spannende Kurse an.

Wofür du dich selbst interessierst und was dir am meisten Spaß macht, musst du erst herausfinden. Du kannst überall hineinschnuppern und dich dann für etwas entscheiden. Du kannst auch ruhig einmal etwas anfangen und dann wieder aufhören, wenn du merkst, dass es dir nicht liegt. Da musst du dir von anderen keine mangelnde Konsequenz vorwerfen lassen. Die Jugendzeit ist schließlich auch dazu da, verschiedene Möglichkeiten auszuprobieren und einen Überblick zu gewinnen.

Gruppen können nämlich auch einen Druck auf ihre Mitglieder ausüben, dem man sich als einzelner Mensch schwer entziehen kann. Um von einer bestimmten Clique akzeptiert zu werden, tun viele Menschen Dinge, die sie eigentlich gar nicht wollen. Wer nur so handelt wie die Mehrheit, tut das oft gegen die eigenen Interessen und die innere Überzeugung. Wenn andere beispielsweise etwas tun, was gefährlich, nicht gesund, zerstörerisch, erniedrigend oder ungesetzlich ist, dann stehst du vor der Wahl, es mitzumachen, »nein« zu sagen oder dich irgendwie herauszuwinden. Vor dieser Wahl steht man immer wieder im Leben: Soll ich bei der Prüfung mogeln, ohne Führerschein fahren, Intrigen mitmachen, Drogen ausprobieren oder mit jemandem schlafen, den ich kaum kenne?

Bei der Entscheidung hilft dir niemand. Wenn du dich für etwas anderes entscheidest als die anderen, musst du damit rechnen, dass sie dir Schwierigkeiten machen und wütend auf dich sind. Echte Freunde sind das nicht. Sich gegen solchen Druck durchzusetzen, dazu gehören Mut und Selbstvertrauen. Wenn du es noch nicht schaffst, ein klares »Nein« zu einer Sache zu sagen, musst du kein schlechtes Gewissen haben, wenn du dich unter einem Vorwand »ausklinkst«. Gestehe dir ruhig in solchen Situationen Notlügen zu. Die Hauptsache ist, dass du nichts tust, was du nicht willst und was dir schadet.

Besonders gefährlich können dabei Jugendsekten sein. Denn sie wenden sich gezielt an Jugendliche und versprechen ihnen ein »Himmelreich«, wenn sie nur folgsam sind. Die Gruppen sprechen den jugendlichen Elan an und behaupten, ein »rettendes Rezept« zu haben, mit dem sie hier und jetzt die Probleme des Einzelnen als auch der gesamten Menschheit lösen wollen. Dies wirkt ungeheuer anziehend auf Menschen, die sich gerade in einer Krisensituation befinden, die etwa Schulangst haben, Liebeskummer oder in deren Elternhaus gerade Streit ist. Sie bieten eine Ersatzfamilie an in einer Welt, die ziemlich unüberschaubar geworden ist. Der jeweilige Absolutheitsanspruch und eine strenge, isolierte Lebensweise vereinnahmen die Jugendlichen so, dass sie keine Möglichkeiten haben, sich mit Alternativen und der Realität auseinander zu setzen.

Nicht alles muss schlecht sein. Doch die Erfahrung zeigt, dass solche Gruppen sehr oft eine Gefahr für die geistige, seelische und körperliche Gesundheit sein können. Die Anhänger werden zunächst einer »Seelenwäsche« unterzogen, die eine tief greifende Veränderung der Persönlichkeit zur Folge hat. Das macht es ihnen auch so unendlich schwer, sich dem Würgegriff dieser Sekten zu entziehen.

Für die Betroffenen ist diese Lage brutal bedrängend. Nicht selten werden sie dazu gedrängt, ihre Eltern um Geld zu bitten, es ihnen gar abzupressen oder sich das Geld aus der Erbschaft auszahlen zu lassen, damit es der Sekte zufließen kann.

Junge Menschen, die sich missionieren lassen, haben fast immer einen ausgeprägten Willen, Gutes und Richtiges zu tun. Das ist wohl auch der Schopf, an dem sie sich oder andere sie wieder aus dem Sumpf ziehen können. Die meisten schaffen es allerdings nicht ohne fremde Hilfe, davon loszukommen. Es gibt inzwischen eine ganze Reihe von Institutionen, die Beratungsstellen für solche Problemfälle eingerichtet haben (Adressen findest du ab Seite 160). Niemand – weder Eltern noch Jugendliche – sollte sich scheuen, sich dort Rat und Hilfe zuteil werden zu lassen.

Für junge Menschen zwischen 16 und 26 Jahren, die sich gerne in sozialen Bereichen einsetzen möchten, gibt es zudem die Möglichkeit, nach der Schule ein freiwilliges soziales Jahr zu absolvieren. Sie können auf diese Weise vor Beginn einer Ausbildung oder eines Studiums einen Einblick in soziale und pflegerische Berufe erhalten und sich unter Anleitung von Fachkräften darin erproben. Informationen dazu erhältst du zum Beispiel bei den internationalen Jugendgemeinschaftsdiensten e. V. oder ähnlichen Einrichtungen.

Stimmt es, dass gesunde Ernährung eines der wichtigsten Schönheitsmittel ist?
Ja. Und eines der leckersten und preiswertesten.

Darf ich denn gar keine Süßigkeiten mehr essen?
Wenn sonst die Mischung stimmt, kannst du deinen süßen Gelüsten ruhigen Gewissens nachgeben: Denn nichts ist schlimmer als Freudlosigkeit.

Ich habe auf einmal so viele Pickel, wie bekomme ich die wieder weg?
Kaum jemand übersteht das Erwachsenwerden ohne Pickel. Wenn sich die Hormonbildung eingependelt hat, verschwinden sie meist von allein wieder.

Ich finde mich zu dick, welche Diät soll ich halten?
Gar keine. Wenn du dich gesund ernährst und regelmäßig bewegst, reguliert sich normalerweise auch das Gewicht.

Muss ich mich während der Regel öfter waschen?
Ganz wie du möchtest. Hauptsache, du fühlst dich wohl.

Dürfen auch Mädchen schon Tampons benutzen?
Ja! Und zwar von der ersten Regel an.

Warum muss man sich immer nach dem Essen die Zähne putzen?
Weil direkt nach dem Essen im Mund Säuren gebildet werden, die die Zähne angreifen. Das gilt ganz besonders nach dem Genuss von Süßigkeiten.

Warum ist der Schlaf vor Mitternacht so wichtig?
Weil in dieser Zeit Hormone ausgeschüttet werden, die das Wachstum und die Erholung der Haut anregen.

Warum ist Rauchen so schädlich für junge Mädchen?
Weil es neben allen anderen Gefährdungen für die Gesundheit die erste Regel verzögern und das Knochengerüst angreifen kann.

Soll ich mit meinen Freundinnen zum Bodybuilding gehen?
Regelmäßige Bewegung ist wichtiger – und du solltest wirklich Lust darauf haben.

Für das Selbstwertgefühl ist es ganz wichtig, sich in seinem Körper wohl zu fühlen. Wer körperlich fit ist, hat meist keine Gewichtsprobleme, ist ausreichend trainiert, hat eine klare, rosige Haut, strahlende Augen und gute Laune! Der wichtigste Grundstein für Schönheit und Fitness ist neben der Bewegung die richtige Ernährung.

Gerade Jugendliche in der Wachstumsphase brauchen ganz besonders viele gute Sachen. Leider ist nicht alles, was beliebt ist, gesund. Von deinen Eltern hast du bestimmt schon oft gehört, dass Hamburger, fettes Fleisch, weißes Brot, Cola- und Limonadengetränke, Chips, Popcorn, Schokolade, Süßigkeiten, Kuchen, Pralinen und Nugatcremes »dick und doof« machen.

Diese Produkte enthalten zu wenig wertvolle Inhaltsstoffe, die für deine Gesundheit wichtig sind. Sie legen den gesamten Organismus samt Gehirn lahm und man kann sich nicht mehr konzentrieren. Der ganze Körperkreislauf wird auf Sparflamme geschaltet, man setzt Speck an, hat keine Lust mehr, sich zu bewegen, wird denkfaul und müde. Auch die Haut wird fahl und schlaff. Natürlich musst du nicht gänzlich auf solche Sachen verzichten; ab und zu sind ein Stück Torte oder Chips schon erlaubt.

Sich gesund und trotzdem lecker zu ernähren, ist gar keine große Kunst. Man braucht dazu keine Astronautenkost oder sonst etwas, was Forscher im Labor erfunden haben. Es gibt nur eine einzige Regel: Sich so abwechslungsreich und natürlich wie möglich ernähren! Also möglichst viele verschiedene Speisen essen, die frisch zubereitet und nicht gekocht sind.

In früherer Zeit machten die Menschen das noch richtig, indem sie sich überwiegend von Pflanzen, Wurzeln und Getreide ernährten. Sie bekamen dadurch starke Knochen und kräftige Muskeln. Fleisch gab es nur sehr selten, Fett in Maßen und Zucker gar nicht. Industriell gefertigte Lebensmittel, die vielfach bearbeitet und bis zur Unkenntlichkeit mit möglicherweise schädlichen Zusatzstoffen versetzt sind, gab es damals überhaupt nicht.

Getreide beispielsweise – in Form von frisch gebackenem Brot, Vollkornnudeln oder Müsli – enthält fast alles, was der Mensch zum Leben braucht: Eiweiß, Stärke, Wasser, Fett, Ballaststoffe, Mineralstoffe und viele lebenswichtige Vitamine. Auch in Hülsenfrüchten,

Kartoffeln, Obst und Gemüse sind jede Menge gesunde Nährstoffe drin. Wer sich davon ernährt, braucht keinen Mangel zu befürchten. Auf Zucker, Fett und Fleisch sollte man weitgehend verzichten.

Nun wirst du vielleicht sagen, dass du Gemüse und andere gesunde Sachen nicht besonders gerne magst. Aber möglicherweise musst du zugeben, dass das eher ein Vorurteil ist: Die meisten Menschen geben sich nämlich gar nicht erst die Mühe, diese Nahrungsmittel lecker zuzubereiten. Ob es dir schmeckt, liegt weniger an dem, was du isst, sondern daran, wie es zubereitet ist. Es ist kein Wunder, dass du matschig gekochtes Gemüse nicht so toll findest. Vielleicht kannst du zu Hause anregen, dass ihr mehr Salat und Rohkost esst, vielleicht auch einmal Gerichte mit Hülsenfrüchten und Gemüse oder Vollkornaufläufe, die ihr noch nicht kennt. Sahne, Butter, frische Kräuter, Gewürze, Essig und Pflanzenöl machen daraus ein erstklassiges Essen. Wichtig ist es auch, viel zu trinken – am besten Mineralwasser oder Kräutertee. Auch Milch ist wichtig für den Knochenaufbau; fettarme Frischmilch erhältst du inzwischen sogar im Supermarkt.

Die Schönheit von Haut, Haaren und Nägeln hängt wesentlich von einer ausgewogenen, vollwertigen Ernährung ab, da sie nur von innen alles Wichtige für ihren Aufbau beziehen können. Die Nähr- und Wirkstoffe, die für den Aufbau aller Zellen und für deren Betriebsstoff nötig sind, werden über feinste Blutgefäße in die jeweilige Zelle transportiert. Einzelne Nährstoffe sind voneinander abhängig und können nur im Zusammenspiel voll ausgenutzt werden. Deshalb ist eine ausgewogene Mischkost so besonders wichtig.

Die Haut ist ein wichtiger Teil des körpereigenen Entsorgungssystems. Über Millionen von Talg- und Schweißdrüsen werden in jeder Minute Giftstoffe ausgeschieden. Ist die Haut schlecht durchblutet und sind die Drüsen verstopft, wird der ganze Organismus in Mitleidenschaft gezogen. Als Gerüstsubstanz für Haut, Haare und Nägel wird der Baustein Eiweiß gebraucht. Viel und gutes Eiweiß ist in Milch, Getreide, Kartoffeln und vielen Gemüsen enthalten. Ein wenig Fett braucht der Körper, um Vitamine aufzuschlüsseln. Vitamine sind für eine schöne Haut unentbehrlich, sie sorgen dafür, dass der Stoffwechsel der Haut reibungslos funktioniert. Besonders gut für die Haut sind die Vitamine A, B, C und E. Damit die Haut schön und prall bleibt, braucht sie auch viel Sauerstoff. Mit gezielter Bewegung, Massage, Trockenbürsten, Sauna und kalt-warmen Duschen wird die Durchblutung auf Trab gebracht und mehr Sauerstoff zu den Hautzellen transportiert.

Eine gute, regelmäßige Verdauung ist für das Aussehen von großer Bedeutung. Der Darm funktioniert mit dieser gesunden Ernährung viel besser: In Gemüse, Getreide, Hülsenfrüchten, Obst und Kartoffeln sind viele Ballaststoffe enthalten. Das sind unverdauliche Teile, die den Magen füllen, schnell satt, aber nicht dick machen. Der Verdauungsapparat ist lange damit beschäftigt, diese Teile wieder aus dem Körper zu transportieren. Dabei werden gleichzeitig andere Gift- und Schlackenstoffe aus dem Körper geschleust. Dafür muss sich der Darm ziemlich anstrengen und das macht ihn fit.

Wenn die Mischung stimmt, müsst ihr nicht gänzlich auf eure Lieblingsspeisen verzichten. Wer viel Gemüse, Obst, Salat und Vollkornsachen isst, kann ruhigen Gewissens auch mal ein Stück Torte oder Schokolade essen. Wer eine Schwäche für Hamburger und Pommes frites hat, kann sich mit einem Trick über die Runden helfen: Wenn du einen Salat dazu isst, auf die Majonäse verzichtest, statt Cola Milch oder Orangensaft trinkst, brauchst du kein schlechtes Gewissen zu haben. Hast du morgens schon ein frisches Müsli gegessen, bist du auf der ganz sicheren Seite.

Was kann ich gegen meine Akne tun?

Die Haut schützt uns nicht nur gegen Einflüsse von außen, sie ist auch ein Spiegel unserer Seele. Sie zeigt oft, wie es um unsere Gefühle steht: Sie ist strahlend, wenn wir glücklich sind, sie errötet, wenn wir schüchtern sind oder uns schämen, sie wird blass, wenn wir Angst haben. Man sagt, sensible Menschen sind eher »dünnhäutig«, robustere Seelen haben »ein dickes Fell«. Eine schöne, glatte und strahlende Haut signalisiert anderen Menschen: Hier ist jemand gesund, attraktiv und fröhlich. Deshalb ist uns die »äußere Hülle« so ans Herz gewachsen.

In der Pubertät, wenn man vor dem anderen Geschlecht besonders gut dastehen möchte, spielt die Haut leider oft nicht mit. Sie neigt zu Unreinheiten, Pickeln, Pusteln oder Akne. Das liegt ebenfalls daran, dass nun in deinem Körper Geschlechtshormone gebildet werden. Und zwar nicht nur die beiden weiblichen Geschlechtshormone

(Östrogen und Progesteron), sondern auch kleine Mengen des männlichen Hormons Testosteron. Das ist bei jeder Frau so. In der Pubertät haben weibliche und männliche Hormone noch nicht das richtige Verhältnis zueinander gefunden. Das wirkt sich durch unreine Haut und manchmal auch durch ein paar Härchen mehr an Oberlippe und Beinen aus. Jungen bilden übrigens auch Östrogen, was zu Beginn der Pubertät manchmal ihre Brust leicht anschwellen lässt.

Dieses Ungleichgewicht ist dafür verantwortlich, dass mehr Talg in der Haut gebildet wird, dass die Poren sich verstopfen und sich entzünden können. Die Haut beruhigt sich nach einer Weile wieder – spätestens wenn die Pubertät ausklingt. Völlig ohne Pickel übersteht kein Mensch den Übergang zum Erwachsenwerden!

Leichtere Hautprobleme bekommt man durch richtige Hygiene, durch gesunde Ernährung, ausreichend Schlaf und viel Bewegung meist selbst in den Griff.

Es ist übrigens gemein, sich über andere Jugendliche mit unreiner Haut lustig zu machen. Denn niemand kann in diesem Alter etwas für sein Aussehen. Darüber darf dich auch nicht die Werbung für Anti-Pickel-Kosmetika hinwegtäuschen, die oft in Kino oder Fernsehen ausgestrahlt wird. Sie verspricht meist mehr, als sie halten kann!

Gerade über Akne gibt es eine Reihe von Vorurteilen: Akne wird nicht durch bestimmte Lebensmittel ausgelöst, auch wenn sie durch eine falsche Ernährung verschlimmert werden kann. Ebenso wenig beruht Akne auf mangelnder Sauberkeit und Körperpflege, auch wenn es wichtig ist, bei Akne die Haut sorgfältig zu reinigen und schonend zu pflegen.

Junge Menschen haben generell eher eine fettige Haut. Wenn das auch für dich gilt, solltest du fetthaltige Kosmetika meiden. Teure Produkte brauchst du sowieso nicht. Zur Reinigung reicht lauwarmes Wasser, ab und zu mit einer alkalifreien Seife oder einer milden Reinigungsmilch. Danach kann die Haut mit etwas Gesichtswasser abgetupft werden, bei empfindlicher Haut sollte es parfum- und alkoholfrei sein. Waschcremes mit Schleifpartikeln, wie Mandelkleie, dürfen bei fetter oder Mischhaut und verstopften Poren ab und zu angewendet werden, solange sie nicht entzündet sind. Morgens und abends das Gesicht mit einer pflegenden Creme einreiben.

Wichtig ist es übrigens, nie selbst an den Pickeln herumzudrücken. Das kann nämlich zu lebenslangen Narben führen. Logisch, dass sich das auf das seelische Befinden auswirkt. Wer an entzündeten Pickeln herumdrückt, verschlimmert die Entzündung. Nur an der Oberfläche sichtbare gelbe Eiterpfröpfe dürfen kurz nach außen entleert werden. Dazu unbedingt die Finger mit einem sauberen Papiertuch umwickeln. Die behandelte Stelle sofort mit etwas Alkohol aus der Apotheke oder einem keimtötenden Mittel vom Arzt desinfizieren. Ein hautfarbener Abdeckstift hilft, die roten Stellen zu überdecken.

Bei sehr unreiner Haut kannst du vielleicht einen Besuch bei einer guten Kosmetikerin einplanen. Das hat mit Schminken nichts zu tun und ist überdies auch nicht sehr teuer: Kosmetikerinnen sind dafür ausgebildet, die Haut auf schonende und nachhaltige Weise zu säubern und den Pickeln zu Leibe zu rücken. Das ist auf alle Fälle billiger und besser, als immer wieder neue Mittel auszuprobieren, die letztlich nichts bewirken. Viele Kosmetikerinnen arbeiten heute auch mit Naturprodukten.

Bei schweren Hautproblemen ist es besser, gleich zu einem Hautarzt zu gehen. Es gibt eine Reihe von modernen und wirksamen Medikamenten, mit denen er dir helfen kann. So gibt es etwa gerade für junge Haut eine neuartige Aknebehandlung mit einer bestimmten Säure (Azelainsäure), die auf sanfte Weise verhindert, dass sich die Poren verstopfen und sich entzünden. Wer etwas Geduld aufbringt, kann mit solchen medizinischen Behandlungsweisen wieder eine gesunde Haut bekommen.

Manchmal wird Mädchen mit unreiner Haut auch ein Hormonpräparat verordnet. Das ist wohl nur selten wirklich sinnvoll, weil ein solches Medikament sehr in den Körperhaushalt eingreift. Wer allerdings mit der Antibabypille verhüten will, kann zugleich auch mit einer besseren Haut rechnen.

Warum habe ich Angst davor, dick zu werden?

Etliche junge Mädchen leiden heute unter Essstörungen. Noch viel mehr sind sogar viel zu dünn. Natürlich sind die Menschen von Natur aus sehr unterschiedlich, es gibt welche, die dazu neigen, sehr dünn zu sein, und andere, die schneller dick werden. Doch viele glauben, dass es modern ist, mager zu sein, und versuchen, sich auf die vermeintlichen Idealmaße auf Biegen und Brechen herunterzuhungern. In einer Kultur, in der eine dünne Frau als attraktiv und begehrenswert gilt, werden Mädchen mit wenig Selbstvertrauen versuchen, durch strengste Abmagerungskuren diesem Ideal zu entsprechen. Diäten sind aber dafür nicht geeignet, denn sie machen nicht nur krank, sondern letztlich auch dick.

Ein besonderes Problem junger Mädchen kann die Magersucht sein. Das ist eine sehr schwere Essstörung, die das Leben bedroht. Sie ist inzwischen die häufigste Todesursache bei Mädchen. Magersucht beruht auf der übermächtigen Angst, dick zu werden. Dahinter verbergen sich aber oft noch andere Ängste. Magersüchtige Mädchen möchten lieber tot als dick sein. Sie schränken das Essen fast gänzlich ein. Sie hungern oft heimlich. Andere wiederum haben richtiggehende Fressanfälle, spucken aber das Essen hinterher auf der Toilette wieder aus. Das wird Bulimie genannt. Familie und Freunde nehmen die Krankheit oft nicht wahr.

Magersucht und Bulimie haben viele Ursachen. Sie entwickeln sich nicht von heute auf morgen, sondern schleichen sich langsam ein. Häufig ist die Essstörung ein Mittel, gegen die Erwachsenenwelt zu protestieren. Man glaubt, dass dadurch auch ein bestimmter Konflikt zwischen Mutter und Tochter zutage treten kann. Die Tochter will vielleicht nicht erwachsen, nicht so wie die Mutter werden. Die körperliche und seelische Reifung ist dann für solch ein Mädchen schlicht unvorstellbar. Am liebsten möchte es ein Kind bleiben und auch weiterhin so aussehen. Die Pubertät ist für sie eine Zeit permanenter Bedrohung. Das gilt vor allem auch für die erwachende Sexualität. Unterstützt wird dieses Krankheitsbild vom gängigen Schönheitsideal, das extreme Schlankheit propagiert. In der Modewelt wird fast nur noch mit magersüchtigen Models gearbeitet.

Magersucht ist eine sehr schwere Krankheit. Weil das Mädchen nicht genügend Vitamine und Mineralstoffe bekommt, wird der Körper nicht ausreichend ernährt, Körpergewebe abgebaut, der Körper ausgezehrt, die Regel und andere Zeichen der körperlichen Entwicklung bleiben aus. Das Knochengerüst kann so angegriffen werden, dass nachhaltige Schäden bleiben. Magersucht führt über kurz oder lang zum Tode, wenn dagegen nichts unternommen wird.

Magersüchtige Mädchen empfinden sich nicht als krank, sie brauchen aber dringend Hilfe, weil ihr Leben in Gefahr ist. Meistens geht die Initiative von den Eltern, oft aber auch von den Freundinnen aus. Am besten bespricht man das Problem mit dem Kinderarzt, dem Hausarzt oder einer speziellen Beratungsstelle. Für eine Magersüchtige ist es sehr wichtig, eine psychologische Behandlung zu bekommen. Dazu muss sie aber zunächst selbst erkennen und akzeptieren, dass mit ihr irgendetwas nicht stimmt.

Manchmal muss das Mädchen in eine Klinik eingewiesen werden, wenn es sich in Lebensgefahr gehungert hat. Doch auch durch eine Zwangsernährung wird die Krankheit nicht geheilt. Es dauert oft lange und erfordert viel Geduld, bis das Selbstvertrauen des Mädchens so weit wiederhergestellt ist, dass es positiv in die Zukunft schauen kann.

Bin ich zu dick?

Jede Generation hat ihre eigenen Vorstellungen davon, wie ein perfekter Körper aussieht. Vor dreißig Jahren war die Idealfigur voll und fraulich, heute ist sie rank und sehnig. Viele Frauen versuchen, sich an diesem Ideal zu orientieren. Nur: Der Körper macht das nicht mit, weil er klüger ist als wir.

Lange Zeit hat man gedacht, dass es so etwas wie ein Idealgewicht gäbe. Das bedeutet, dass zwei Menschen mit der gleichen Körpergröße auch das gleiche Gewicht haben müssten. Nach dieser medizinischen Theorie sollten alle Menschen ganz superschlank sein. Denn man dachte, das sei auch die beste Voraussetzung für lange Gesundheit. Da ganz offenbar nur sehr wenige Menschen dieses Idealgewicht haben, wurde eine Fülle von Diäten erfunden, mit denen man sich dieses Gewicht »erquälen« soll.

Viele dieser Diätvorschläge sind schon deswegen ungesund, weil man beispielsweise immer nur bestimmte Sachen essen darf – etwa trockene Brötchen – und der Körper nicht zu seinen lebensnotwendigen Nährstoffen kommt. Heute weiß man aber noch mehr: Diät macht nicht nur krank, sondern auf die Dauer auch dick. Je öfter jemand Diät hält, umso mehr. Der Körper versucht nämlich »an der Diät vorbei« sein ganz persönliches Gewicht zu halten, mit dem er sich am wohlsten fühlt. Wahrscheinlich ist das auch das gesündeste Gewicht. Es liegt bei fast allen Menschen über dem Gewicht, das als ideal dargestellt wird.

Am Anfang pendelt das Gewicht noch zwischen dick und dünn. Sobald eine Diät abgebrochen wird, geht das Gewicht schlagartig wieder nach oben. Jo-Jo-Effekt nennt man dieses Auf und Ab der Pfunde. Das ewige Pendeln zwischen dick und dünn bringt das Gleichgewicht des Stoffwechsels nachhaltig durcheinander. Der Körper reagiert letztlich nicht mehr auf eine Diät, wie auch immer sie gestrickt ist. Er kämpft um seine Pfunde, indem er bei einer Diät den so genannten Grundumsatz herunterschaltet. Das ist die Mindestmenge an Nahrungsenergie, die ein Mensch auch im Leerlauf braucht. Dein Organismus ist nämlich immer beschäftigt, ob du nun im Bett liegst, körperlich schuftest, Hausaufgaben machst oder im Schulchor singst. Indem die Kalorien aus dem Essen einfach langsamer verbrannt werden, klammert sich der Körper an seine Fettreserven, als ginge es wie in früheren Hungersnöten um sein Leben. So kann es sogar kommen, dass man eher etwas zunimmt.

Diese Polsterungen sind eigentlich sehr sinnvoll, denn sie schützen uns in Notzeiten vor dem Verhungern. So sind beispielsweise auch die weiblichen Rundungen als Energiespeicher für eine Schwangerschaft vorgesehen. Etwas rundere Formen sind also viel gesünder. Die meisten Mädchen und Frauen, die dünner werden wollen, kämpfen nur gegen wenige Pfunde an. Denn meist sind sie sowieso sehr schlank. Natürlich kann es aber auch sein, dass jemand wirklich sehr viel wiegt und es besser ist, etwas abzuspecken. Da hilft aber keine Diät, sondern nur eine ausgewogene Ernährung mit viel Getreide, Hülsenfrüchten und viel Bewegung. Wer diese gesunde Nahrung (siehe auch Seite 135ff.) in etwas kleineren Mengen als normal isst und Sport treibt, nimmt langsam, aber sicher auf gesunde Weise die richtigen Formen an. Es ist mit dieser Art der Ernährung auch kein Problem, das Gewicht zu halten.

Muss ich mich während der Regel öfter waschen?

Natürlich sollte sich jeder Mensch seinen Intimbereich regelmäßig waschen. Leider sind Erwachsene da nicht immer ein rühmliches Vorbild. Bei vielen kommt es vor, dass sie sich nicht einmal täglich waschen, vom Wechseln der Unterwäsche ganz zu schweigen.

Zunächst einmal ist es wichtig, bei jedem Toilettengang aufzupassen, dass keine Keime aus dem Darm an die Scheide kommen.

Das bedeutet: Immer vorsichtig von vorne nach hinten abwischen und nichts an die Finger kommen lassen. Hinterher immer Hände waschen. Wer viel unterwegs ist, kann sich Tüchlein einstecken, die zur Baby- oder Intimpflege angeboten werden. Damit kann man sich zum Beispiel an heißen Tagen oder wenn es besonders stressig ist auch mal zwischendurch reinigen.

Ansonsten sollten innere und äußere Schamlippen und der Po morgens und abends behutsam mit viel Wasser abgespült werden. Intimsprays und dergleichen sind überflüssig. Sie können den empfindlichen Bereich reizen und Infektionen Vorschub leisten. Die Scheide selbst verfügt über ein natürliches Selbstreinigungssystem, das im Normalfall vor Entzündungen schützt. In der Scheide leben nützliche Bakterien, die dafür sorgen, dass hier ein leicht saures Klima herrscht, in dem sich feindliche Krankheitserreger nicht so vermehren können. Wer sich zu oft und mit scharfen Seifen wäscht, schwächt diese körpereigene Abwehrkraft.

Wer während der Regel das Bedürfnis hat, sich öfter zu waschen, sollte das ruhig tun. Notwendig ist es jedoch nicht. Denn die Monatsblutung hat ja nichts mit Schmutz zu tun. Das Blut, das aus der Scheide austritt, riecht nicht. Erst nach einer Weile, wenn es sich an den feinen Schamhärchen absetzt, kann es sich an der Luft zersetzen. Mädchen und Frauen, die Binden benutzen, haben eher das Gefühl, sich öfter reinigen zu müssen.

Die Unterwäsche sollte leicht und luftig sein, am besten aus Baumwolle oder Seide. Alles, was einengt, Wärme und Feuchtigkeit staut, verändert und verstärkt die Gerüche und lässt schädliche Bakterien wachsen. Im Bereich der Schamlippen sitzen besonders viele Duftdrüsen, durch welche die sexuelle Anziehungskraft der Frau verstärkt wird. Sie senden einen kaum wahrnehmbaren, aber charakteristischen Duft aus, der auf Männer stimulierend wirkt. Wer zusätzlich noch anders duften möchte, kann sich mit Körperpuder einstäuben oder einen Tupfer seines Parfums in die Leistenbeugen geben.

Welcher ist der richtige Menstruationsschutz?

Ein sicherer Blutungsschutz für die »Tage« ist wichtig, denn er ermöglicht es, dass eine Frau sich frei bewegen kann. Im Gegensatz zu früher dürfen junge Mädchen heute das verwenden, was sie mögen:

Binden oder Tampons beziehungsweise beide Methoden kombiniert miteinander.

Binden gibt es heute in vielen verschiedenen Formen und Größen, für leichtere und stärkere Blutungen. Die meisten sind einzeln und hübsch verpackt, sodass sie sich leicht und unauffällig im Handtäschchen verstauen lassen. Alle sind mit einem Kunststoffschutz versehen, der verhindern soll, dass das Blut an die Unterwäsche kommt. Wie oft eine Binde gewechselt wird, hängt von der Stärke der Blutung und dem persönlichen Wohlbefinden ab. Das ist etwas, was jedes Mädchen mit der Zeit für sich selbst herausfinden muss. Binden oder Slipeinlagen werden direkt vor die Scheidenöffnung gelegt.

Tampons werden von Mädchen und jungen Frauen jedoch besonders geschätzt. Weil sie innerlich in der Scheide getragen werden, sind sie nicht zu spüren und ermöglichen es, sich völlig frei zu bewegen und auch Sport zu treiben. Es gibt keinen Grund, warum ein junges Mädchen sie nicht verwenden sollte, wenn es das möchte. Selbst ganz junge Mädchen können Tampons verwenden. Das Jungfernhäutchen, das den Scheideneingang umsäumt, hat in der Mitte eine dehnbare Öffnung, durch die ein Tampon ohne Schwierigkeiten hindurchpasst.

Allerdings haben junge Mädchen trotzdem oft mit dem Einführen Schwierigkeiten, weil sie den Scheideneingang nicht finden. Da hilft es, in aller Ruhe erst einmal die Packungsbeilage mit ihren Bildern anzuschauen und es, wie es dort angegeben wird, ruhig öfter zu probieren. Am besten geht das im Sitzen auf der Toilette. Vielleicht ertastest du auch vorsichtig mit den Fingern die Öffnung, bevor du den Tampon dorthin dirigierst. Zum Ausprobieren gibt es Minitampons, die mit einer besonders gleitfähigen Umhüllung versehen sind.

Weil Tampons so klein sind, lassen sie sich gut verstauen und unauffällig handhaben. Ein Tampon besteht aus zusammengerolltem Baumwollvlies und einem Rückholfädchen. Manche haben ein Einführstäbchen. Tampons sind sehr saugfähig und können viel Blut aufnehmen. Es gibt sie in verschiedenen Größen. Die Größe richtet sich nicht danach, wie groß die Scheide ist, sondern nach der Stärke der Blutung. Während einer Blutung können also am Anfang und am Ende kleinere und in der Mitte größere Tampons verwendet werden. Bei einer sehr starken Blutung oder nachts kann zusätzlich noch eine Binde vorgelegt werden. Ein Tampon darf weder zu oft noch zu selten gewechselt werden. Wird er herausgezogen, wenn er sich noch nicht genügend vollgesogen hat, kann er die zarten Scheidenwände reizen. Länger als acht bis zehn Stunden sollte er jedoch nicht getragen werden. Wenn du das Bedürfnis hast, den Tampon häufiger zu wechseln, solltest du einen kleineren verwenden. Er saugt sich schneller voll und gleitet beim Wechseln leichter heraus.

Wie bekomme ich schönere Zähne?

Schöne und gesunde Zähne gehören zum guten Aussehen unabdingbar dazu. Sie müssen deshalb ganz besonders sorgfältig und regelmäßig gepflegt werden. Zahnfäule ist eine der häufigsten Krankheiten überhaupt. Acht von zehn Kindern haben bereits Löcher in den Zähnen. Karies ist gleichzeitig auch die überflüssigste Krankheit, denn sie lässt sich mit Zähneputzen locker vermeiden. Ein sauberer Zahn wird nicht krank.

In der Mundhöhle leben Bakterien, die bei schlechter Reinigung eine harte Schmutzschicht, die Plaque, bilden. Bekommen diese Bakterien viel Zucker »zu fressen«, bilden sich in dieser Schicht besonders viele Säuren, die nun ihrerseits den Zahn annagen. Forscher haben festgestellt, dass die Säuren schon zehn Minuten nach einem Stück Schokolade, einem Schokoriegel, einem Bonbon oder einer Praline dem Zahn zusetzen. Im Gegensatz zu Süßigkeiten werden andere Speisen – etwa Obst, Brot oder Kartoffeln – so langsam abgebaut, dass die entstehende Säure vom Speichel unschädlich gemacht werden kann. Deshalb muss man sich auch sofort nach dem Naschen die Zähne putzen.

Nach jeder Mahlzeit sollte man sich die Zähne putzen, zumindest aber morgens, mittags und abends fünf Minuten lang. Die Zeit vergeht schneller, wenn man das Radio anmacht oder eine Kassette einlegt und sein Lieblingslied lang bürstet. In der Apotheke gibt es Tabletten zu kaufen, mit denen sich testen lässt, wie gut du dir die Zähne geputzt hast. Sie färben den Zahnbelag, den du nicht wegbekommen hast, in grellen Farben. Du musst anschließend die Farbe gründlich abbürsten. So bekommst du ein Gefühl dafür, wann deine

Zähne richtig sauber sind. Die Zahnzwischenräume lassen sich entweder mit Zahnseide und Zahnhölzern reinigen oder mit einer Mundddusche durchspülen.

Immer mehr Zahnärzte empfehlen ihren Patienten übrigens Kaugummi gegen Karies. Durch das Kauen verstärkt sich der Speichelfluss. Die im Speichel enthaltenen Stoffe machen den schädlichen Säuren, die durch Zucker und andere Kohlenhydrate entstehen, den Garaus. Gleichzeitig werden die ebenfalls im Speichel vorhandenen Kalzium- und Phosphatspuren im Zahnschmelz angelagert und härten ihn. Der Kaugummi sollte zuckerfrei sein und mindestens zwanzig Minuten lang gekaut werden.

Nur selten reiht die Natur die Zähne wie Perlen auf einer Schnur aneinander. Bei Fehlstellungen kann man heute mit einer Zahnregulierung die Zähne schön gerade stellen, etwa wenn sie weit auseinander stehen oder sich eng hintereinander schieben. Das wird heute meist mit der Multibandtechnik gemacht: Metallringe mit kleinen gelöteten Schlössern werden auf die Zähne zementiert. Sie besitzen einen Schlitz, durch den spezielle Drähte gezogen werden. Durch den Druck, den die Vorrichtung ausübt, werden die Zähne allmählich in die richtige Position gezogen. Zwei Jahre lang müssen diese Bänder im Mund bleiben. Wer sich scheut, diese Klammern sichtbar zu tragen, kann sie auch innen befestigen lassen. Das ist aber komplizierter und teurer. Außerdem lassen sich die Zähne sehr schlecht putzen. Außerdem werden daneben weiterhin die alten Zahnspangen eingesetzt.

Eine neue Technik aus Amerika verhilft auf einfache Art zu schönen Zähnen, wenn eine kleinere Lücke zwischen den Schneidezähnen ist, die Zähne verfärbt sind, eine Ecke herausgebrochen oder ein Zahn kleiner ist als die anderen. Die Zähne werden mit einer Säure angeätzt, dann wird ein Spezialkunststoff aufgetragen, der sich beim Trocknen fest mit der aufgerauten Zahnoberfläche verbindet. Damit können Zähne schön gefärbt werden, kleine Zähne angeglichen und Lücken geschlossen werden. Die Zähne müssen dafür nicht beschliffen werden, sie bleiben so erhalten, wie sie sind. Die Behandlung ist schmerzfrei und zahnschonend und darum besonders für junge Menschen geeignet. Allerdings ist sie nicht ganz billig und den größten Teil müssen deine Eltern selbst bezahlen.

Müssen Menschen wirklich acht Stunden schlafen?

Jeder Mensch hat seine persönliche Schlafdauer. Manche kommen mit sechs Stunden aus, andere brauchen fast zehn Stunden. Für die meisten Menschen sind acht Stunden Schlaf ideal. Dabei wird der Schlaf-Wach-Rhythmus von einer inneren Uhr gesteuert, die genetisch bestimmt ist. Während der Nacht sinken Blutdruck, Puls und Körpertemperatur ab, die Atmung wird langsamer, der Darm aktiver, die Blutgefäße in der Haut erweitern sich, der Stoffwechsel läuft langsamer.

Dabei erholt sich der Körper. Besonders nötig hat unser Gehirn den Schlaf. Deshalb sind Schlafstörungen so belastend für die Seele.

Wenn man nachts häufig aufwacht oder abends nicht einschlafen kann, fühlt man sich morgens schlapp und missmutig. Sichtbar leidet darunter vor allem die Gesichtshaut. Schlechter oder zu wenig Schlaf beschleunigt nämlich die Alterung der Haut. Dahinter steckt ein komplizierter Vorgang. Unter anderem werden nachts mehr Hormone gebildet. Vor allem in der Jugend werden bis ungefähr ein Uhr Wachstumshormone ausgeschüttet. Da es also in den Tiefschlafphasen der ersten Nachthälfte freigesetzt wird, macht Schlaf schöner, größer und jünger.

Auch Hormone, die das Abwehrsystem aktivieren, werden nachts vermehrt ausgeschüttet. Die Zellen des Körpers erholen und stählen sich für den kommenden Tag. Wer früh ins Bett geht und gut schläft, ist meist wesentlich aktiver, wird seltener krank und sieht jugendlich frisch aus. Allerdings muss man möglichst vor zwölf Uhr ins Bett gehen. Wer in Stresszeiten viel arbeiten muss – etwa vor Klassenarbeiten und Prüfungen –, tut besser daran, abends eher ins Bett zu gehen und lieber morgens früher aufzustehen.

Schon junge Menschen leiden an Schlafstörungen. Das liegt daran, dass wir in einer gehetzten Zeit leben, in der das Abschalten schwer fällt und wir unseren Schlaf nicht ernst genug nehmen. Laute störende Geräusche können am Einschlafen ebenso hindern wie zu helles Licht oder zu große Dunkelheit. Eine schlechte Matratze ist ein schlechtes Ruhekissen ebenso wie zu hohe Temperaturen (16 bis 18 Grad sollten es sein!) oder zu trockene Luft. Du kannst einmal probieren, eine Wasserschüssel mit einigen Tropfen beruhigendem Duftöl aufzustellen. Das verbessert das Raumklima. Ein festes Einschlafritual bereitet Körper und Seele auf die Nacht vor: Du könntest noch ein wenig in dein Tagebuch schreiben, um mit dem Tag abzuschließen. Danach ein Schlummertrunk, eine schöne, leise Musik und etwas lesen. Ein Glas warme Milch am Abend fördert die Bildung körpereigener Schlafstoffe. Auch Tees aus Heilpflanzen wie Baldrian, Arnika, Hopfen, Mistel und Lavendel wirken beruhigend. Ein Bad mit ätherischen Ölen macht so richtig müde. Alkohol und Zigaretten wirken dagegen wie Aufputschmittel.

Wie komme ich um Drogen herum?

Wahrscheinlich nur schwer. Wir leben in einer Gesellschaft, in der Drogen so alltäglich sind wie Essen und Trinken. Damit sind Naturdrogen gemeint wie Arzneien aus pflanzlichen und tierischen Stoffen oder aber auch Kaffee, Tee und colahaltige Getränke. Hinzu kommen Drogen wie Nikotin, Arzneien, Ecstasy, Koks, Hasch oder Heroin. Gerade in der Welt der Jugendlichen spielen Drogen heute eine Rolle, die noch vor wenigen Jahren unvorstellbar war. In der einen oder anderen Weise wirst du auf Drogen treffen. Reichte es früher aus, wenn Jugendliche einfach die Orte mieden, an denen mit Drogen gedealt oder welche genommen wurden, so sind sie heute allgegenwärtig. Du musst dich also noch mehr wappnen, ihnen zu widerstehen.

Alle Drogen üben einen Einfluss auf das Nervensystem aus. Fast alle Drogen machen abhängig. Wer einmal damit angefangen hat, kommt nur schwer wieder davon los. Dem schlechten Beispiel vieler Erwachsener folgend, greifen auch Jugendliche immer häufiger zu irgendwelchen Drogen. Alkohol, Zigaretten und Medikamente sind dabei die unauffälligsten, weil sie von vielen Menschen konsumiert werden. Der Genuss von Alkohol breitet sich unter jungen Menschen immer mehr aus, weil es eine relativ billige Möglichkeit ist, sich in eine »gehobene« Stimmung zu versetzen. Manchmal überreden sich Jugendliche auch gegenseitig, so viel zu trinken, wie nur irgendwie »reingeht«.

Kurzfristig gesehen enthemmt Alkohol, vernebelt das Gehirn und fördert kriminelles Verhalten. Alkoholsucht hat langfristig verheerende Auswirkungen auf den Körper, da die Leber zerstört wird. Vorher ist das Gehirn schon so stark geschädigt, dass der Mensch »da oben« regelrecht verfällt. Beim Alkohol kommt es darauf an, das richtige Maß zu finden. Das berühmte Gläschen Wein »in Ehren«, das niemand verwehren kann, ist für Erwachsene (!) wohl wirklich ein echter Genuss und kann etwas sehr Schönes sein. Frauen vertragen grundsätzlich weniger Alkohol als Männer.

Für Zigaretten dagegen gibt es nicht ein einziges positives Argument. Rauchen ist weltweit eine der bedeutendsten Ursachen für einen vorzeitigen Tod. In den Zigaretten verbergen sich allein rund 50 krebserregende Stoffe. Lungen- und Kehlkopfkrebs sind die bekanntesten Auswirkungen. Rauchen steigert auch das Risiko, an anderen Krebsarten zu erkranken, von der Zunge bis zum Magen, von der Gebärmutter bis zur Blase. Es schädigt den gesamten Organismus, kann unfruchtbar und impotent machen. Je jünger ein Mensch zu rauchen anfängt, desto schlimmer und wahrscheinlicher sind auftretende Krankheiten. Bei jungen Mädchen kann Rauchen dazu führen, dass die Regelblutung ausbleibt und das Knochengerüst angegriffen wird.

Viele Menschen versuchen heute, sich mit Hilfe von diversen Pillen – zum Schlafen, zum Aufputschen, zum Beruhigen oder gegen Schmerzen – über einen anstrengenden und enttäuschenden Alltag hinwegzuhelfen. Jede siebente »Psychopille« beispielsweise wird von Kindern unter sieben Jahren geschluckt. Tabletten haben vielfältige schlechte Auswirkungen auf den Körper. Sie machen ebenfalls abhängig, schädigen die Leber, die Nerven und meist auch den Magen, Darm und Nieren.

Der Drogenkonsum bei Jugendlichen hat in erschreckendem Ausmaß zugenommen. Die Konsumenten werden immer jünger. Ecstasy und Haschisch gehören für viele heute zum Alltag wie der Einlassstempel zur Disco. Illegale Drogen gibt es an allen Ecken ohne große Schwierigkeiten. Ecstasy ist die inzwischen am weitesten verbreitete chemische Droge in Deutschland. Sie ist oft eine Einstiegsdroge in den Konsum von LSD und anderen Drogen. Während Ecstasy anfangs als mehr oder weniger harmlos galt, weiß man heute, dass es das Gehirn aufweicht und zerstört. Bei Überdosierung ist es tödlich. Auch Marihuana und Hanf werden in ihren Risiken weit unterschätzt.

Die noch gefährlicheren Drogen sind die verschiedenen Rauschgifte wie LSD, Kokain oder Heroin. Ihre Auswirkungen sind besonders verheerend. Erbrechen, Verstopfung, Wahnzustände, Depressionen, Blutkrankheiten, Muskelschwund, psychische Störungen, Leberentzündungen, Ausbleiben der Regel, Unfruchtbarkeit und Knochenschwund sind praktisch mit inbegriffen.

Die Gefahr, sich mit Aids zu infizieren, ist bei Rauschgiftsüchtigen um ein Vielfaches höher, insbesondere wenn sie gemeinsame Spritzbestecke benutzen oder auf den Strich gehen müssen, um zu Geld zu kommen. Die Betroffenen sind meist gar nicht mehr fähig, ein normales Leben zu führen. Sie sind beispielsweise ständig damit beschäftigt, daran zu denken, wie sie das Geld für ihre nächste Spritze, den nächsten »Schuss«, bekommen. Meist geht das nicht, ohne dass sie kriminell werden oder sich als Prostituierte Geld verdienen müssen. Die Entwürdigung der Person ist dabei besonders auffällig.

Auch wenn man sich mit Drogen am Anfang vielleicht schöne Gefühle des »Highseins« verschaffen kann, sind sie völlig falsche Freunde. Der Wunsch, sich zu berauschen, entsteht oft aus dem Wunsch, dem Alltag zu entfliehen. Zum Drogenkonsum neigen deshalb besonders Menschen, die unter sehr schwierigen Bedingungen leben: Wer von Rauschgift abhängig wird, kommt häufig aus einer problematischen Familie.

Die Tatsache, dass es schwer einzusehen ist, wo der Unterschied zwischen den erlaubten Drogen, wie Alkohol und Rauchen, und den verbotenen, wie Haschisch, Kokain oder Heroin liegt, ist wohl einer der Gründe, warum Jugendliche mehr und mehr zu solchen Drogen greifen. Noch nie gab es so viele jugendliche Drogenopfer wie zurzeit. Es ist jedoch müßig, die einzelnen Drogen miteinander zu vergleichen und bewerten zu wollen. Mit jeder Droge setzt man letztlich seinen Verstand, seine Nerven und sein Leben aufs Spiel. Bei den reinen Rauschgiften geht der Verfall jedoch schneller vor sich.

Nicht selten werden Jugendliche auch von anderen zum Drogenkonsum verführt. Das passiert meist in der Clique, wird manchmal aber auch von älteren, flüchtigen Bekanntschaften forciert. Beim Heroin nennt man das »Anfixen« oder »Heißmachen«: Wer nämlich einmal einen Schuss bekommen hat, kommt von der Droge kaum noch herunter. Ausprobieren gibt es da nicht. Und mit Heroin lässt sich Geld verdienen, es werden viele schmutzige Geschäfte damit gemacht. Oft schlittern Heranwachsende in etwas hinein, ohne es zu merken, manchmal aber auch, weil sie es schick finden »dazuzugehören« oder weil sie glauben, es wirke besonders erwachsen.

Wer nicht sein Leben aufs Spiel setzen will, wer nicht die Herrschaft über seine Gefühle und sein Handeln verlieren will, sollte auf Drogen verzichten. Am schlimmsten ist die körperliche und seelische Abhängigkeit, die ein normales Leben fast unmöglich macht. Kein Suchtmittel kann das Leben verbessern. Das kann man nur mit klarem Kopf genießen. Es gibt so viele schöne Dinge im Leben, die einen »high« machen können: Die Freude darüber, gesund zu sein, sich wohl zu fühlen, gut für sich selbst sorgen zu können, gute Freunde zu haben, sich für sinnvolle Sachen zu engagieren und der Stolz darauf, eine erwachsene Frau zu werden.

Wer bereits Drogenprobleme hat, braucht schleunigst Hilfe. Es ist ungeheuer schwer, da alleine wieder herauszufinden. Der Ausstieg aus einer Drogensucht ist langwierig und schmerzlich. Mit dem festen Willen, nun wieder gut zu sich zu sein, und der Hilfe erfahrener Menschen ist das aber nicht unmöglich. Bei den eigens für drogengefährdete Jugendliche eingerichteten Beratungsstellen findest du Menschen, die für dich da sind (Adressen findest du ab Seite 162).

Oft sind es ehemalige Drogenabhängige, die sich für andere einsetzen, weil sie das Leid und das Elend aus eigener Erfahrung kennen. Auch wenn du dir Sorgen machst über eine drogenabhängige Freundin oder einen Freund, kannst du dich hier beraten lassen. Es ist keine Schande, von einer Droge abhängig zu sein, wohl aber eine, nichts dagegen zu unternehmen.

Wie finde ich den richtigen Sport für mich?

Sich ausreichend zu bewegen macht sich in vieler Hinsicht bezahlt. Gerade für Jugendliche ist es ein guter Ausgleich für die viele Sitzerei zu Hause vor dem Computer oder in der Schule. Beim Sport bildet der Körper beispielsweise Stoffe, die Stresserscheinungen abbauen und gute Laune machen. Innere Unruhe, Lustlosigkeit und Niedergeschlagenheit bessern sich durch Bewegung! Sport hilft aber auch, den Körper straff, schlank, beweglich, energiegeladen und geschmeidig zu halten. Sportliche Mädchen werden seltener krank und haben weniger Regelbeschwerden. Bewegung macht zudem klug, weil sie das Gehirn mit Power speist.

Junge Menschen bewegen sich meist ausreichend, wenn sie nicht gerade ausgesprochene Stubenhocker sind. Viele sind in Sportvereinen oder Fitnessclubs. Auch in der Schule steht Sport auf der Tagesordnung. Zwei- bis dreimal wöchentlich für eine halbe Stunde aus der Puste kommen wäre ideal.

Nach dem Sport solltest du beschwingt und nicht erschöpft sein, dann hast du das richtige Maß gefunden. Allerdings ist es nicht gut, aus falsch verstandenem Ehrgeiz zu übertreiben. Ein zu intensives und andauerndes Training kann gerade bei jungen Mädchen charakteristische Veränderungen hervorrufen: Jedes intensive Trainingsjahr beispielsweise verzögert den Eintritt der ersten Regel um fünf Monate. Wer etwa extrem turnt, bekommt statt mit 12 oder 13 erst mit 15 oder 16 zum ersten Mal die Blutung.

Das Wichtigste ist jedoch, dass du dich für eine körperliche Aktivität entscheidest, die dir Spaß macht, zu dir und in deinen Alltag passt. Was nützt es, wenn du dir vornimmst, morgens einen Waldlauf zu machen, wenn du morgens nicht gut hochkommst oder gar kein Wald in deiner Nähe ist? Was nützt es dir, wenn du gerne Bodybuilding machen möchtest, es dir aber zu teuer ist? Was bringt das schönste Gymnastikprogramm, wenn du lieber mit anderen Ballspiele machen möchtest?

Du kannst dich frei nach Lust und Laune entscheiden. Jede Sportart tut dir gleich gut. Sie muss auch nicht unbedingt etwas kosten. Schwimmen, Rad fahren, Spazierengehen, Wandern, Laufen, Seilspringen, Tanzen und Rudern sind ganz bewährte Möglichkeiten, ohne großen Aufwand fit zu bleiben. Als Faustregel gilt: Hinterher sollte man sich frischer fühlen als vorher. Außerdem geben dir die meisten sportlichen Betätigungen die Möglichkeit, mit Gleichaltrigen Spaß zu haben und Freunde zu finden.

Darf man wirklich nicht mehr sonnenbaden?

Sonne brauchen wir zum Leben wie die Luft zum Atmen. Sie macht uns fröhlich und bringt unseren gesamten Organismus zum Blühen. Wir räkeln uns gerne wie die Tiere wohlig in den Sonnenstrahlen und genießen, wie sich die Wärme im Körper ausbreitet. Die Ozonschicht der Erde schützt uns davor, dass die mächtige Sonnenergie nicht ungefiltert auf uns herabsengt. Durch die Umweltbelastung ist die Schutzschicht aber löcherig geworden und wir sind zunehmend durch die Sonne bedroht. Die Schäden sind wohl schon viel größer, als lange Zeit befürchtet wurde. Damit sind wir sehr gefährdet.

Die unsichtbaren UV-Strahlen dringen in die Haut ein: Die kräftigen UV-B-Strahlen bringen Bräune und Sonnenbrand, die UV-A-Strahlen gehen sogar noch tiefer. Sie können Falten verursachen und die Augen schädigen. Die Strahlen legen die Reparaturfähigkeit der Haut lahm. Außerdem setzen sie bestimmte Immunzellen in der Haut außer Kraft, sodass die körpereigene Abwehr gegen Hautkrebs sinkt. Jeder Sonnenbrand ist ein Baustein zum späteren Hautkrebs. Hautärzte empfehlen deshalb heute, nicht mehr als 30 Sonnenbäder im Jahr zu nehmen. Ganztägiges Sonnengrillen ist niemandem zu raten, dem attraktive Haut und Leben lieb sind. Wer auch nur zehn Minuten in die Sonne geht, muss heute ein Sonnenschutzmittel verwenden. Je nach Lichtschutzfaktor erhöht es die Zeitspanne bis zum Sonnenbrand. Je höher der Sonnenschutzfaktor, desto länger ist man geschützt. Übrigens: Nachcremen verlängert den Schutz nicht, nach der angegebenen Zeit ist die Haut der Sonne wieder schutzlos ausgeliefert. Sonnenschäden lassen sich nie wieder ausbügeln.

Wann muss ich zum Frauenarzt?

Wenn du keine besonderen Probleme hast und noch nicht zu verhüten brauchst, kannst du dir mit deinem ersten Besuch beim Frauenarzt ruhig Zeit lassen. Es kann aber durchaus sein, dass du dich gerne einfach einmal über bestimmte Dinge informieren möchtest – beispielsweise wenn du darüber beunruhigt bist, dass deine Regel noch nicht da ist. Das solltest du dann auch tun. Mit einem Gespräch kann dich die Ärztin oder der Arzt schon darüber aufklären, dass alles in Ordnung ist. Eine gynäkologische Untersuchung ist dafür meist nicht erforderlich. Wenn du einen Freund hast, mit dem du schlafen möchtest, solltest du auf alle Fälle vor dem ersten Mal einen Besuch beim Gynäkologen einplanen.

Mädchen, die regelmäßig Geschlechtsverkehr haben, sollten einmal im Jahr zur Untersuchung gehen. Frauen, die hormonell verhüten, müssen jedes halbe Jahr zur Kontrolle den Arzt aufsuchen. Bei folgenden Erscheinungen ist ein spontaner Arztbesuch vonnöten:

- bei Juckreiz und Ausfluss aus der Scheide
- bei Blutflecken im Höschen, die nichts mit der Menstruation zu tun haben
- bei Problemen beim Wasserlassen oder beim Stuhlgang
- bei Schmerzen im Unterleib
- bei starken Schmerzen außerhalb der Regel
- bei äußerlich sichtbaren Veränderungen
- wenn die Monatsblutung länger als zehn Tage dauert
- wenn die Perioden in zu kurzen Abständen auftreten
- wenn extrem viel Blut verloren geht
- wenn zwischen den Menstruationen Blutungen auftreten
- wenn die Regel über längere Zeit ausbleibt
- wenn bei der Einnahme der Pille Kopfschmerzen und Sehstörungen auftreten

Auch wenn du die Kinderkrankheit Röteln noch nicht gehabt hast, solltest du mit einem Frauenarzt darüber sprechen. Wer keinen Abwehrschutz gegen eine Rötelinfektion aufweist, gefährdet nämlich bei einer Schwangerschaft sein Baby. Mädchen sollten deshalb frühzeitig geimpft werden.

Der erste Arztbesuch ist wahrscheinlich für jedes Mädchen mit Unsicherheit, vielleicht sogar mit Angst verbunden. Das ist aber unnötig, wenn du weißt, was auf dich zukommt. Zunächst führt der Arzt mit seiner neuen Patientin ein ausführliches Gespräch. Er will wissen, welche Krankheiten du hast oder gehabt hast, welche Operationen hinter dir liegen und ob du Medikamente einnimmst. Er interessiert sich für deine körperliche Entwicklung und für den Zyklus. Wenn du schon deine Regel hast, solltest du ihm sagen können, in welchen Abständen sie auftritt und wann die letzte Blutung war.

Danach folgt eine gründliche Untersuchung. Sie tut normalerweise nicht weh, wenn du dich nicht verkrampfst und der Arzt vorsichtig ist. Er schaut sich den Unterleib genau an, die Schamlippen, die Scheide und den Muttermund. Er tastet die Eierstöcke und die Gebärmutter ab. Mit einem Wattestäbchen macht er einen Abstrich aus der Scheide, um zu kontrollieren, ob sich dort Krankheitserreger befinden und ob sich die Zellen normal entwickeln. Bei erwachsenen Frauen wird dann noch die Brust abgetastet.

Du musst nicht zwangsläufig zu dem Arzt deiner Mutter gehen. Wichtig ist, dass du Vertrauen gewinnen kannst. Bevor du zu einem Frauenarzt oder einer Frauenärztin gehst, solltest du dich bei deinen Freundinnen oder Bekannten erkundigen, wer empfehlenswert ist und bei wem junge Mädchen höflich und respektvoll behandelt werden. Frauenärzte sollten nämlich bei jungen Mädchen besonders behutsam sein und sich für die Beratung viel Zeit lassen. Der Besuch beim Frauenarzt unterliegt auch bei minderjährigen Mädchen der ärztlichen Schweigepflicht.

»Ich geh meine eigenen Wege, ein Wende ist nicht abzusehen. Eigene Wege sind schwer zu beschreiben, sie entstehen ja erst beim Gehen.« Diese Zeile aus einem Song schildert wahrscheinlich mehr als alles andere die Situation, in der du dich gerade befindest.
Dein Ziel ist es, erwachsen zu werden und mit dir selbst in Einklang zu leben. Was das für dich bedeutet, und auf welchem Weg du dorthin kommst, kannst nur du bestimmen. Bei deinen Freundinnen kann dieses Ziel eine völlig andere Ausprägung haben. Inzwischen weißt du nun, dass es viele verschiedene Wege gibt, die zu einem Ziel führen können. Du stellst viele Weichen für deine Zukunft. Die Tatsache, wie es dir gelingt, durch die Pubertät zu kommen, bestimmt über das ganze weitere Leben. Zum ersten Mal entscheidest du selbst, welchen Weg du nehmen wirst.

Obwohl dir für vieles noch die Verantwortung abgenommen wird, liegen dein körperliches und seelisches Wohlbefinden, deine Gesundheit und dein beruflicher Werdegang schon jetzt zum größten Teil in deiner eigenen Verantwortung. Es kommt nun sehr darauf an, dass du wachsam mit dir selbst umgehst und gut auf dich achtest.

Die Pubertät ist aber nicht nur eine Zeit des Aufbruchs, sondern auch des Abschieds: Du musst Abschied nehmen von deiner Kindheit, ohne zu wissen, worauf du zugehst. Du musst Abschied nehmen von Vertrautem, Verlässlichem, Selbstverständlichem. Das geht mal sanfter, mal abrupter. Es ist wie eine zweite Geburt, schön und schmerzhaft zugleich. Du musst auch Abschied nehmen von deinem Kinder-Ich und deine eigenen Höhen und Tiefen durchleben.

Selbst wenn du gelegentlich den Eindruck hast, alles locker und cool bewältigen zu können, wirst du oft nicht wissen, wie du letztendlich allein mit der Welt klarkommen sollst. Damit ist auch ein gewisses Eingeständnis von Schwäche und Mittelmaß verbunden. Die meisten von uns können bestimmte Dinge gut, andere wiederum gar nicht. Und immer wieder kommt es vor, dass man sich etwas wirklich vornimmt, dann aber nicht konsequent genug ist und vorher schlappmacht. Alle Menschen sind gut gemixt mit Stärken und Schwächen versehen. Das ist auch in Ordnung, denn sonst würde mancher von uns leicht über das Ziel hinausschießen.

Seinen eigenen Stärken und Schwächen gegenüber bewusst wach zu sein ist schön und traurig zugleich. Es ist etwas, worauf man stolz sein kann, und etwas, was einem vielleicht gar nicht gefällt. Während du dich in deiner Pubertät entwickelst, nimmst du dir deine schwachen Seiten vielleicht noch sehr übel. Du wirst mit der Zeit sehen, wo du was an dir verändern willst, aber auch lernen, wo du dir etwas nachsehen musst und willst.

An dem Punkt, wo du sagst: »So bin ich und nicht anders – und das finde ich auch gut so«, hast du auch aus deinen Schwächen eine Stärke gemacht. Die Kunst des Erwachsenwerdens liegt in der Erkenntnis: Sei du selbst in allem, was du tust, denkst und fühlst! Denn du bist das Beste, was dir auf den Lebensweg mitgegeben wurde!

Wo finde ich Hilfe, wenn ich alleine nicht klarkomme?

Kinder und Jugendliche, die in Not sind, Liebeskummer, Schulstress oder Probleme mit den Eltern haben, können ab sofort kostenlos das Sorgentelefon des Deutschen Kinderschutzbundes anrufen. Unter den Telefonnummern (0800) 111 0 111 und 0800-111 0 222 sind mittlerweile die Sorgentelefone bundesweit in vielen Städten zu erreichen (ebenfalls gebührenfrei in Österreich unter Tel. (0800) 20 14 40 und in der Schweiz unter Tel. (0800) 55 42 10).

Unter den Stichworten »Telefonseelsorge«, »Kindernotdienst«, »Krisenberatung«, »Kinderkummer«, »Kindersorgentelefon« oder «Sorgentelefon« stehen in jedem Telefonbuch noch mehr Beratungsstellen, die man zum Teil rund um die Uhr anrufen kann. Du kannst dich auch an das Jugendamt wenden, deine Kirchengemeinde, die Caritas und das Diakonische Werk. Wenn du an deinem Ort nichts findest oder dort nicht anrufen möchtest, kannst du auch in einer anderen Stadt anrufen. Man wird auf alle Fälle ein offenes Ohr für dich haben und dir weiterhelfen.

Wenn du Adressen und Telefonnummern von Beratungsstellen in deinem Umkreis herausfinden möchtest, kannst du die oben genannten Stichworte auch in eine Suchmaschine im Internet (beispielsweise www.google.com oder www.yahoo.de) eingeben. Der Vorteil dabei ist, dass diese Angaben regelmäßig aktualisiert werden, sodass du dort stets den neusten Stand erfährst.

Eine Liste mit Beratungsstellen und Selbsthilfegruppen kannst du auch bestellen bei:
DONNA VITA Fachhandel
Postfach 5 - Post Husby
D - 24973 Ruhnmark

An die folgenden Institutionen kannst du dich wenden, wenn du Sorgen oder Probleme hast, und man wird dich dort auch gerne an die zuständige Beratungsstelle weitervermitteln. Bitte bedenke aber, dass es sich nur um einige ausgewählte Institutionen handelt und sich die Adressen oder Telefonnummern möglicherweise inzwischen geändert haben können.

Deutschland

Für Jugendliche mit seelischen Problemen:

Telefonseelsorge (bundesweit kostenfrei)
☎ (0800) 111 0 111 (evangelisch)
☎ (0800) 111 0 222 (katholisch)

Jugendnotdienst
Mindener Str. 14
D - 10589 Berlin Charlottenburg
☎ (030) 34 999 34

Kinderschutzzentrum Berlin
Familienberatungsstelle
☎ (030) 683 91 10

Krisendienst (Weitervermittlung)
☎ (030) 390 63 00

Emotions Anonymous
(EA – KEA für Kinder)
EA-Kontaktstelle Deutschland
Katzbachstr. 33
D - 10965 Berlin
☎ (030) 7 86 79 84

Deutsche Gesellschaft für Selbstmordverhütung
Humboldtallee 1 d
D - 37073 Göttingen

Beistand gegen Sekten-Unwesen:

Aktion für Geistige und Psychische Freiheit
Bundesverband Sekten- und Psychomarktberatung e. V., Bonn
Im Blankert 35
D - 53229 Bonn
☎ (0228) 63 15 47

Evangelische Zentralstelle für Weltanschauungsfragen
Auguststraße 80
D - 10117 Berlin
☎ (030) 283 95 211

Sekten-Info Essen e. V.
Rottstr. 24
D - 45127 Essen
☎ (0201) 23 46 46 /-48

Bei Vergewaltigung und sexuellem Missbrauch:

Inzwischen gibt es auch in fast jeder kleineren Stadt Beratungsstellen oder Selbsthilfegruppen für Mädchen und Jungen in Not. Meist kann man sich beim Jugendamt, der Pro Familia oder anderen größeren Organisationen danach erkundigen. Übrigens können Jungen heute auch in den Häusern Hilfe erwarten, die sich ursprünglich nur um Mädchen kümmerten.

Arbeitsgemeinschaft Deutscher Frauen- und Kinderschutzhäuser
Waldstr. 6
D - 30916 Isernhagen

Notruf für vergewaltigte Frauen und Mädchen
☎ (030) 2 51 28 28

Zartbitter e. V.
Kontakt- und Informationsstelle gegen sexuellen Missbrauch an Mädchen und Jungen
Stadtwaldgürtel 89
D - 50935 Köln
☎ (0221) 405780

Wildwasser Berlin e. V.
Mehringdamm 50
D - 10961 Berlin
☎ (030) 786 50 17

Schattenriss e. V.
Waltjenstraße 140
D - 28237 Bremen
☎ (0421) 61 71 88

Bundesarbeitsgemeinschaft Prävention & Prophylaxe e. V.
Griembergweg 35
D - 12305 Berlin
☎ (030) 76 50 31 04

Dunkelziffer e. V.
Hegestr. 2
D - 20251 Hamburg
☎ (040) 48 48 84

Allgemeine Beratungs- und Krisenstellen:

Bundesarbeitsgemeinschaft Kinder- und Jugendschutz e. V. (BAJ) und
Deutscher Bundesjugendring
Mühlendamm 3
D - 10178 Berlin
☎ (030) 400 40 400

Aktion Jugendschutz
Landesarbeitsstelle Baden-Württemberg
Stafflenbergstr. 44
D - 70184 Stuttgart
☎ (0711) 2 37 37-0

Bundeskonferenz für Erziehungsberatung – Der Fachverband für Erziehungs-, Familien- und Jugendberatung
Herrnstr. 53
D - 90763 Fürth
☎ (0911) 97714-0

Kinderschutzzentrum
Emilienstr. 78
D - 20259 Hamburg
☎ (040) 491 00 07
(Kinderschutzzentren gibt es auch in vielen anderen Städten!)

Internationale Jugendgemeinschaftsdienste e. V.
Kaiserstraße 43
D - 53113 Bonn
☎ (0228) 228 00-0

Deutsche Arbeitsgemeinschaft Selbsthilfegruppen
Friedrichstr. 28
D - 35392 Gießen
☎ (0641) 9 94 56 12

Verein für Internationale Jugendarbeit e. V.
Goetheallee 10
D - 53225 Bonn
☎ (0228) 698952

Bei Drogenproblemen:

Die großen Kirchen haben meist eigene Hilfs- und Beratungsstellen für Drogenprobleme, ebenso die örtlichen Gesundheitsbehörden. Erkundigen kann man sich auch beim Jugendamt. Die Bundesländer haben jeweils einen Drogenbeauftragten.

Drogen-Notdienst:
☎ 1 92 37

Tag-und-Nacht-Telefon-Notruf für Suchtgefährdete in München:
Notruf-Nr. ☎ (089) 28 28 22

Beratungs- und Therapiezentrum ☎ (089) 24 20 80-0

Bundeszentrale für gesundheitliche Aufklärung (BzgA)
Ostmerheimer Straße 220
D - 51109 Köln
☎ (0221) 8992-0

Bund für drogenfreie Erziehung e. V. (BdE)
Postfach 1422
D - 21496 Geesthacht
☎ (04151) 89 18 10

Deutsche Hauptstelle für Suchtfragen e. V. (DHS)
Westring 2
D - 59065 Hamm
☎ 02381/90 15-0

Fachverband Drogen und Rauschmittel e. V. (FDR)
Odeonstraße 14
D - 30159 Hannover
☎ (0511) 1316474

Gesellschaft gegen Alkohol- und Drogengefahren e. V. (GAD)
Chemnitzer Straße 50
D - 04289 Leipzig
☎ (0341) 8629036

Verband ambulanter Behandlungsstellen für Suchtkranke und Drogenabhängige e. V. (VABS)
Karlstraße 40
D - 79104 Freiburg
☎ (0761) 20 03 63

Anonyme Alkoholiker (AA)
Postfach 460227
D - 80910 München
☎ (089) 31 69 500

Bei Verhütungsfragen und sexuellen Problemen:

Bundesverband der Pro Familia
Stresemannallee 3
D - 60596 Frankfurt
☎ (069) 63 90 02

Deutsche AIDS-Hilfe e. V.
Dieffenbachstr. 33
D - 10967 Berlin
☎ (030) 69 00 87-0

Aids-Telefon
Bundeszentrale für gesundheitliche Aufklärung
Ostmerheimer Str. 220
D - 51109 Köln
oder
Postfach 910152
D - 51071 Köln
☎ (0221) 8992-0

Institut für Lebens- und Sexualberatung DGSS
(Beratungsdienst für homosexuelle Männer)
Gerresheimer Str. 20
D - 40211 Düsseldorf
☎ (0211) 35 45 91

Österreich

Aids Hilfe Haus Wien
Mariahilfer Gürtel 4
A - 1060 Wien
☎ (01) 5 99 37

Anonyme Alkoholiker
Zentrale Kontaktstelle Wien
Barthgasse 5
A - 1030 Wien
☎ (01) 799 55 99

Kindertelefon
Rüdengasse 11
A - 1030 Wien
☎ 319 66 66

MAG ELF Servicestelle
☎ 4000/8011

Change
Beratungsstelle für drogengefährdete Jugendliche
Theresiengasse 9/Tür 6
A - 1180 Wien
☎ (01) 406 23 02

DIALOG
Hilfs- und Beratungsstelle für Suchtgiftgefährdete und deren Angehörige
Hegelgasse 8/3/11
A - 1010 Wien
☎ (01) 512 01 81

p.a.s.s.
Hilfe bei Suchtproblemen
Streichergasse 4/4
A - 1030 Wien
☎ (01) 714 92 18

SIGIS
Service und Informationsstelle für Gesundheitsinitiativen und Selbsthilfegruppen
Fonds »Gesundes Österreich»
Mariahilfer Straße 176/8
A - 1150 Wien

Servicestelle für Selbsthilfegruppen
Schiffamtsgasse 14/E4
A - 1020 Wien
☎ (01) 531 14-85515/ -85516

Österreichischer Kinderschutzbund
Obere Augartenstr. 26–28
A - 1020 Wien
☎ (01) 332 50 01

Gesellschaft gegen Sekten- und Kultgefahren
Obere Augartenstraße 26-28
A - 1020 Wien
☎ (01) 33 27 537

Beratungsstelle für sexuell missbrauchte Mädchen und junge Frauen
☎ (01) 587 10 89

Notruf für vergewaltigte Frauen
☎ (01) 523 22 22

24-Stunden-Frauennotruf
☎ (01) 71 719

Amt für Jugend und Familie und Beratungsstelle
Favoritenstraße 18
A - 1040 Wien
☎ (01) 502 34-04340

Familienservice des Bundesministeriums für Umwelt, Jugend und Familie
(Auskunft und Information zu Beratungsstellen)
Franz-Josefs-Kai 51
A - 1010 Wien
☎ (0800) 240 262 (gebührenfrei)

Kinderschutzzentrum »die möwe«
Börsegasse 9
A - 1010 Wien
☎ (01) 532 15 15

Schweiz

Aids-Hilfe Schweiz
Konradstr. 20
CH - 8031 Zürich
☎ (01) 447 11 11

Bundesamt für Gesundheitswesen
Koordinationsstelle für Drogenfragen
Bollwerkstr. 27
CH - 3001 Bern
☎ (031) 322 21 11

Schweizerische Fachstelle für Alkohol- und andere Drogenprobleme (SFA)
Büro: Avenue Louis-Ruchonnet 14, CH - Lausanne
Briefpost: ISPA, Case postale 870, CH - 1001 Lausanne
☎ (021) 321 29 11

Kinderschutzbund
Frikartweg 4
CH - 3006 Bern

Krisenberatung
☎ 143

Nottelefon bei sexuellem Missbrauch (Basel)
☎ (061) 261 89 89

Pro Familia
Laupenstr. 45
CH - 3001 Bern
☎ (031) 3819030

Verein Drogenentzug und
Drogenhilfe
Brinerstr. 1
CH - 8003 Zürich
☎ (01) 4510025

Beratungsstelle für Jugend- und Drogenprobleme (BSJD)
Wieshofstraße 102
Postfach 144
CH - 8408 Winterthur
☎ (052) 224 33 33

Schweizerischer Kinderschutzbund
Brunnmattstraße 38
Postfach 344
CH - 3000 Bern 14
☎ (031) 382 02 33

Informations- und Beratungsstelle für Sekten- und Kultfragen (infoSekta) e. V.
Birmensdorferstraße 421
CH - 8055 Zürich
☎ (01) 454 80 80 (Do 9–11 h)

Familien-, Sexual- und Schwangerschaftsberatung
Sennensteinstraße 5
CH - 7000 Chur
☎ (081) 252 10 01

Bundesamt für Sozialversicherung (Schwangerschaftsberatungsstelle)
Zentralstelle für Familienfragen
Effingerstraße 33
CH - 3003 Bern
☎ (031) 322 91 22

Sylvia Schneider

Das **Jungen**-Fragebuch

Wachsen und erwachsen werden

In der Pubertät verändert sich praktisch alles für Jugendliche, das Empfinden für alle Bereiche des Lebens.
Dieses Buch befasst sich mit seelischen Problemen ebenso wie mit der Entwicklung des Körpers, mit Sexualität wie mit Liebe und Romantik, mit schulischen Belangen, der bevorstehenden Wahl eines Berufes und mit möglichen Lebensformen. Es gibt zu jedem angesprochenen Thema Informationen, Tipps und Ratschläge und führt die heranwachsenden Jungen zu bewusster Lebenshaltung und Selbstverantwortung hin.

192 Seiten, ab 12
ISBN 3-8000-1588-9

UEBERREUTER